思考吧！
啟發創造性思維的大師課

創意思考之父狄波諾，
教你用水平思考法找到新點子

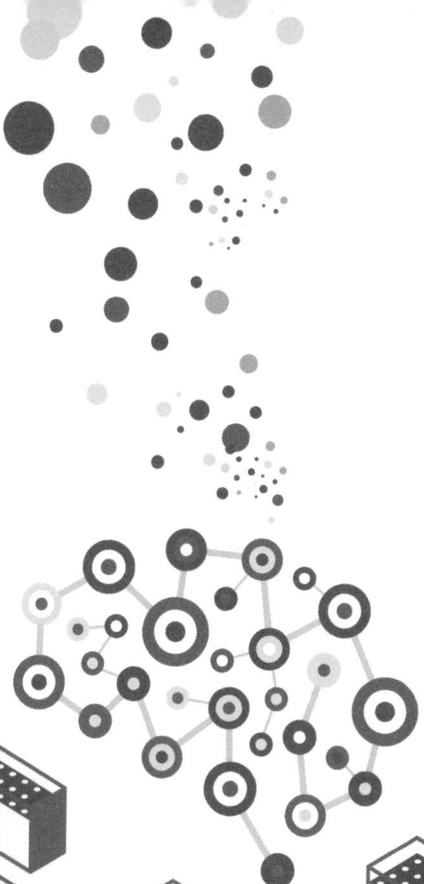

THINK!
Before It's Too Late

愛德華・狄波諾——著
EDWARD DE BONO
譯——易敬能

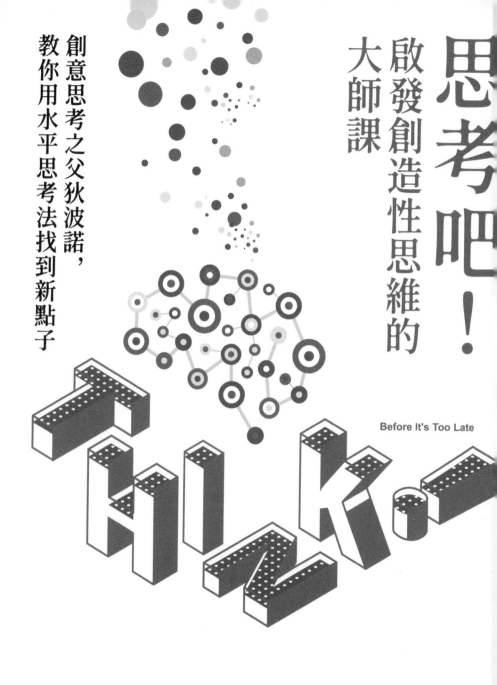

作者說明

致歉

我應該在這本書裡註明某些人的大名，他們曾提供我寶貴的資訊或幫助過我，我想對他們的貢獻表示誠摯的謝意，可惜我未能詳細記下所有的會議和對話。因此，針對所有覺得這本書應該提及的人，我在此致歉。若您覺得這本書應該列入您的大名，請寫信給我，我一定會列入下一版。

此外，如果您在私人生活、事業或教學上，具備與我的思考方式相關的實務經驗，但本書卻未提及，也請您提供我詳細資訊。適合的話，我會納入下一版。如果我遺漏了您的大名，純屬無心之失，我在此深表歉意。我衷心希望能充分表彰曾經幫助我完成這本書的人。

目錄

前言

我們為何需要這本書？

這本書不太討喜，本書的宗旨也並非討好讀者。溫和的手段無法改變大家自滿的心態。我們對人類的思考品質洋洋得意，認為人類的思考能力相當卓越，其中諸多因素我會在後文深入討論。自古希臘偉大的哲學家時代至今約兩千四百年間，除了數學之外，我們對人類思考毫無貢獻，所以我不覺得我們該感到自滿。這本書探討人類在思考層面表現欠佳的原因，並提出改善之道。因此，即使本書源自負面的需求，卻仍具備正面的意義。

我出身全球官方認可最古老的文明馬爾他島。在馬爾他島的姐妹島——戈佐島上，有一座石器時代的壯觀神廟，這是全球最早的人造結構之一。或許因此我才感覺有一項使命，必須將世人從自滿的困境中解救出來。

擁抱大腦意識，而非環保意識

「環保意識」蔚為風潮，我完全支持這項運動。氣候變遷是非常正當的政治主題，所有政治人物都表現出能關心環保的樣子好拉到選票。這是一件好事。

然而，有一種危險比氣候變遷更重要、更急迫，那就是人類低劣的思考品質。大家需要更迫切關注這項議題。也許我們該提出更重要的口號：「擁抱大腦意識。」（think grey）這裡的「grey」代表我們的灰質區或大腦。全球多數的難題、衝突和鬥爭，都是由劣質的思考所引發。改善人類思考有助於解決這些問題。如果我們能妥善思考，不只能解決環保問題，解決其他問題也會輕鬆很多。

拿以巴衝突為例。就連一些全球頂尖聰明的人才，六十多年來對這顆燙手山芋也束手無策，但他們心知肚明，總有一天要解決這個問題。這就是劣質思考。

人類思考是最根本、最重要的事。那價值觀呢？思考的目的，在於讓大家能實現並享受我們的價值觀。缺乏思考的價值觀相當危險，它曾是過去爆發戰爭、屠殺、迫害以及種種駭人行徑的起因。缺乏價值觀的思考則毫無意義——因為這樣的思考根本沒有存在的目的。

但令人驚訝的是，兩千四百年來我們從未關注過思考這件事。

情感 vs. 思想

那情感呢？人類行為呢？人性呢？

有一派人認為思考屬於純理論和抽象的概念，真正驅動人類行動的因素是情感和行為。很遺憾，這項荒謬至極的觀點直接（及正確地）反映出我們的傳統思考模式，這種模式對解決衝突幾乎沒有實際效用。

南非某座鉑礦的工人囊括七個部落：包括科薩人、祖魯人、蘇圖人等。這些部落之間彼此仇視數百年，導致每個月都會發生兩百一十起的部落爭鬥。蘇珊・麥基（Susan Mackie）和唐諾・道森（Donald Dawson）把我的感知性思維傳授給這些畢生從沒念過書的文盲礦工，鼓勵礦工考量他人的觀點。結果，鬥毆次數從每個月兩百一十起暴跌到每個月只有四起。為什麼優異的思能造成這麼重大的改變？因為這種新的思考模式關注的是感知，不是邏輯。

邏輯絕無法改變人類的情感和行為。實際上，企圖透過邏輯規勸大家改變情感無異於緣木求魚，多數人都有過這種經歷。感知控制了情感，情感又控制行為。感知的變化會改變情感，進而改變行為。如果你的感知改變了，那你別無選擇：你的情感和行為必然也隨之改變。

思考軟體

全球約有五萬人在寫電腦軟體。顯然，電腦的運作絕離不開軟體。想當然爾，如果軟體比較新，功能比較強大，電腦運作就更有效。

那麼，有多少人在為人類的大腦開發軟體呢？

現今我們採用的基本及傳統思考工具是由GG3在兩千四百年前發展出來的。GG3是誰？就是希臘三賢：蘇格拉底（Socrates）、柏拉圖（Plato）和亞里斯多德（Aristotle）。

蘇格拉底專注的是如何提問（通常是引導性問題）。他對辯證或辯論也很感興趣。

柏拉圖關心的是終極「真理」（他也認為民主是愚蠢的制度）。

亞里斯多德建立了「盒子邏輯」，意即一件物體要麼在盒子裡，要麼就是不在，絕不會一半在盒子裡，另一半在盒子外。儘管他結過兩次婚，但他從未要求任何一位妻子張開嘴，讓他數她有幾顆牙。他知道男人的牙齒比女人多，因為馬就是這樣，所以所有雄性生物（例如馬）的牙齒都比雌性生物多，這就是亞里斯多德式邏輯。

文藝復興與教會

在文藝復興時代，這種精闢的希臘式思考遍布歐洲。當時的學校、大學和整體思考都掌握在教會手中。

教會不需要本書後文討論到的創造性思考、設計性思考或感知性思考，他們只需要用論證、真理及邏輯來證明異端邪說的錯誤。

因此，在文化、教育和社會運作體系（如法律）中，論證、真理和邏輯便成為人類思考的核心。

創造力和獨創力只能靠個人修行，從未納入教育內容。

論證、真理和邏輯在科技和科學界的卓越表現，讓大家認為這種思考方式完美無缺，毋需任何改變。

為什麼我們沒有針對人類思考更努力開發軟體？

書店不知道該把我的書歸在哪一類。他們曾把我的書歸在哲學、心理學、商業、教育，甚至幽默類書籍。卻沒有一種稱為「思考」的類別。

大家總相信光靠哲學和心理學就能搞定思考這件事，因此書店裡沒有「思考」這一類。

想像一個人坐在桌前，面前有一大張白紙板和一把剪刀。他先用剪刀把白紙板剪成複雜的形狀，再把所有碎片仔細拼湊起來，最後露出勝利的微笑。

這就是哲學家的做法。他們以概念、感知和價值觀描述這個世界，再把這些碎片重新組合。

心理學源自民間故事、神話、魔法和占星術，用以理解人類並預測行為。然而，心理學了解，若要成為真正的科學，就需要進行測量，因為測量和神話恰好相反。因此，心理學家開始沉迷於測量。時至今日，心理學關注的重點，是如何根據部分測量標準將人類加以分類。

哲學和心理學本質上都屬於描述性及分析性的學科，而非操作性學科，它們並未替思考提供實用的工具。

所以，有必要建立「思考」這個類別，因為它與哲學、心理學甚至數學是分開的。

遺憾的是，有興趣研究人類思考的學生進入大學後，他們選擇研究哲學。哲學不僅與人類思考無關，實際上還會讓學生的思想停滯。我在牛津念心理學，但這並非操作性學科——只是心理學史而已。

我現在是亞利桑納州高等科技大學（University of Advancing Technology）達文西思考教授，同時也是其他四所大學的思考教授。全球設有思考學院的大學寥寥可數。

我對思考的興趣促使我設計出思考的實際操作工具及架構。目前使用這些工具的人，包括四歲的學齡前兒童到全球大型公司的高階主管。工具必須簡單、實用又有效。我提供的正好是哲學和心理學從未提供過的，我正為人類思考開發新的軟體。

心智的機制

有史以來，人類頭一次能根據對大腦運作模式的理解，設計出人類的思考方式。

我取得醫學博士學位後，在醫界工作四十八年。除了臨床工作，我還進行學術研究。我曾在牛津大學、倫敦大學、劍橋大學和哈佛大學任教，還取得了心理學學位。

在醫學領域，我研究過各種系統的交互作用：包括呼吸系統、腎臟、心臟和各腺體等。如果瞭解各系統的運作，就能設計出治療方式。

我遇到過一位特發性直立性低血壓（Idiopathic Postural Hypotension）患者。這是一種罕見疾病，但這些不幸的患者只能終生臥病在床，因為他們只要站起來就會暈倒。患者嘗試過各種辦法，包括使用空軍的抗重力服，但都未見成效。我發現起因在於通往腎臟的小動脈張力不佳，所以患者躺下時，腎臟就會表現得像是血容量過高，然後排除鹽分和水分，導致患者的血液永遠不夠——接著就會暈倒。

治療方式相當簡單。不必吃藥和動手術，只要在床頭兩側下方各墊一塊六吋厚的木塊。這樣腎臟會呈現類似**供血不足**的狀況，這樣就能保留鹽分和水分。患者現在能夠過著百分之百的正常生活。如果瞭解系統運作原理，就能設計出合適的對策。這就是我的做法。

我根據醫界的經歷衍生出一些「自我組織系統」原則。我將這些原則應用到大腦神經網路，藉以瞭解心智的運作模式。

我在一九六九年寫了《思考的奧祕》（*The Mechanism of Mind*）一書。因發現夸克而獲得諾貝爾獎的全球頂尖物理學家默里・蓋爾曼（Murray Gell-Mann）教授讀了這本書。他還創立了聖菲研究所（Santa Fe Institute），專門研究各種複雜的系統。他很喜歡我的書，甚至委託一組電腦專家模擬我在書中寫的內容。他們證實大腦運作系統完全符合我的預測，世界上還有兩個電腦小組也證實了這一點。

蓋爾曼教授現在仍大力支持我的概念。有趣的是，當我向物理學家或數學家團體演講時，他們完全理解及同意我的觀點；他們也理解像人腦這種自我組織系統的行為，而這與傳統哲學的文字遊戲已相去甚遠了。

我根據對大腦運作模式的理解，設計出正規又嚴謹的水平思考工具。我在本書後文會闡述大腦的運作模式。

同時，我也會說明人腦的不對稱模式行為如何能夠造就創造力和幽默感。

在人類歷史上，我們頭一次得以將思考方式或人腦運作軟體，與大腦資訊系統的實際運作加以串聯。這與哲學家的做法截然不同，他們玩弄文字及概念，卻對大腦的實際運作模式一無所知。這就是我們之間的差異。

我們擁有卓越的思考力！

我們的思考一無可取嗎？才不是！我們擁有卓越的思考，怎麼會有人懷疑我們的思考不夠好？

來看看我們的一些成就：

我們把太空人送上月球，還即時觀賞他們在月球漫步（巴茲．艾德林〔Buzz Aldrin〕其實是我好友）。

我們能飛得比音速還快（協和號客機）。

我們能在澳洲用手機和遠在美國的某個人通話。

我們擁有從最簡單到最複雜的電腦科技。

我們發明了網際網路，成功串聯全球數億人。

我們擁有核能。

全球電視能向世界各地傳送照片和即時新聞。

我們成功完成換心手術。

肺炎以往常是絕症，現在它只是輕症，打短期抗生素就能治好。

將近一個世紀前，結核病曾是主要死因，但如今在已開發國家已幾近絕跡。
我們成功改變植物、動物和人類自身的基因。
我們成功複製動物（很快就能複製人類了）。
我們成功將大量資料儲存在一顆超小的微型晶片上。
以上是人類偉大成就的一小部分，這全是人類卓越思考的成果。

差異

一名科學家手中握著一塊鐵。鐵的性質是已知、不變和固定的。他把鐵和其他物質混合，就創造出科技。

如果你罵某個人「白癡」，他馬上暴怒，變了一個人，不再是你剛剛罵的「白癡」。人際事務存在著交互循環，事物瞬息萬變，難以預測。

所以，感知對人際事物非常重要，而且比邏輯重要太多，大家卻把它當成空氣。

因此，遺憾的是，我們在科技界的卓越思考，並未擴及到其他領域，但我們卻對自身的思考感到驕傲——讓自滿招致不幸的後果。

雖然卓越——但還不夠

我們在科技、科學和工程（如空間、行動電話、醫學等）等領域取得重大的成就，因而對思考的卓越性感到自豪和滿意。然而，在其他更人性化的領域，我們完全沒有突破，仍試圖仰賴「判斷」來解決衝突，而非設計未來的方向。

有位廚師能做出世上最美味的煎蛋捲，他的煎蛋捲完美無瑕，但其它的菜色卻稀鬆平常。這就是卓越，但仍不足。

某款汽車的左後輪非常出色，完美到無懈可擊，但只有這顆輪胎還不夠。如果你覺得汽車只需要一顆輪胎，那你的思考一定有問題——問題不在於左後輪。我們也需要其他輪胎，左後輪雖然卓越，但仍不足。

某個人受過良好教育，英語說得相當流利。但他在法國會發現，雖然他的英語依然卓越，卻不足以應付當地的溝通需求。

我深信人類現有的思考模式在部分領域相當卓越，但在其他領域卻仍嫌不足（甚至毫無用處）。

在法國，一名英語人士就算聲嘶力竭地說英語，並不會讓他更容易被理解。同樣地，堅持傳統思考也無法提升其效用。

如果某位用餐者並沒有點煎蛋捲，這位能煎出完美煎蛋捲的廚師，就無法滿足這位用餐者的需求。

這些思考方法雖然卓越，但仍不足。我相信我們的思考文化、方法和習慣相當卓越，正如那顆左後輪，但這還不夠。我們必須藉由創造性思考、設計性思考和感知性思考彌補其不足。可惜的是，現有的傳統思考習慣總是要求我們，若要提出改變的建議，在此之前，你得先抨擊它，證明它不夠好。然而，要先承認某個事物的卓越，再說它雖然很優秀，但仍然不足，因而建議進行改變，這個過程困難多了。

我的思考

我在本書將用「我的思考」指涉我設計出的所有思考方法和思考軟體。這種做法比每次都詳細列出具體使用的方法來得簡單。只用「思考」一詞有誤導之嫌，因為大家可能會誤以為我說的是傳統思考或批判性思考等等。「我的思考」一詞直接泛指我設計的全新思考方法。

許多讀者聽過我的水平思考理論，可能會假設本書提到的都是這種方法。但事實上，還有很多其他方法：六頂思考帽（Six Hats）探究法、平行思考法（而非辯證法）、專為學校設計的思考認知研究信託方案（Cognitive Research Trust，CoRT）的感知性思考（第十章將詳細介紹部分基本工具）、用於簡化操作和進行價值掃描的方案等等。這些方法和後文介紹的方法全都屬於「我的思考」。

有時我的思考和傳統邏輯截然不同，甚至背道而馳（例如透過刺激法）。然而，整體而言，我不是在指責傳統思考，只是覺得它在某些層面不夠完整，希望我的方法能補充傳統思考的不足，而非加以取代。

新思考的運作模式

我在過去四十年曾踏足七十三國，主要是參加研討會和演講，以及一些大小型會議。

我教過四歲的孩子和九十歲的老年人（羅斯福大學〔Roosevelt University〕專為老年人開設的課程）；我指導過頂尖企業主管和不識字的礦工；我教過唐氏症青少年及諾貝爾獎得主；我曾在鹽湖城為八千名摩門教徒上課；在紐西蘭的基督城，為女市長薇姬・巴克（Vicki Buck）召集的七千四百名六到十二歲的孩子演講長達九十分鐘。

多年來，我曾受邀至許多公司發表演講，包括波音公司、希思羅機場控股有限公司（Heathrow Airport Holdings Limited，原稱BAA）、美國銀行（Bank of America）、英國巴克萊銀行（Barclays）、英國石油（BP）、花旗銀行（Citicorp）、愛立信（Ericsson）、埃克森石油公司（Exxon）、福特汽車公司（Ford）、通用汽車公司（GM）、IBM、科威特石油公司（Kuwait Oil）、微軟（Microsoft）、摩托羅拉（Motorola）、諾基亞（Nokia）、飛利浦（Philips）、殼牌（Shell）和瑞銀集團（UBS）等等。此外，我也曾受邀到政府部門、內閣辦公室等機構舉辦類似講座。

根據我的經驗，就算是最嚴格和專制的政權，對新的思考方式也抱持開放態度。我曾多次在中國舉辦研討會，他們目前甚至正在學校試行我的理念。世界其他地方也廣泛使用這項計畫，例如澳洲、紐西蘭、新加坡、馬來西亞、印度（日益普遍）和加拿大。在英國、美國、愛爾蘭、義大利和馬爾他等地也獲得部分人士的採用。

以下列舉幾個例子，說明我的思考（即新思考）頗具成效。這些例子也許無法證明什麼，卻能提供另一種觀點。

- 我曾在舊蘇聯時期造訪莫斯科，為科學院（Academy of Sciences）各部門演講，並受邀參加政治局外交事務委員會的會議。會議主席面前放著我針對解決衝突寫的書《衝突》（*Conflicts*），書中劃了重點，空白處還有批註。他看到我看著這本書，就說：「這本不是戈巴契夫的——他自己有一本。」後來，哈薩克的一位高層政治人物告訴我，在那個改革開放的時代，我的書在克林姆林宮相當搶手。

- 澳洲國家板球隊教練約翰・布坎南（John Buchanan）找我幫忙訓練他的球隊。我為他們舉辦了短期研討會。他們在下一場和英格蘭的比賽中不僅輕鬆勝出，還創下板球對抗賽史上最輝煌的勝利。我收到了約翰的感謝卡。
- 我的講師卡羅琳・弗格森（Caroline Ferguson）在一家南非鋼鐵公司工作。某天下午，她辦了幾場講座。他們光憑水平思考的一項工具（隨機輸入），一個下午就激盪出兩萬一千個點子。他們花了九個月才整理完這些點子。
- 倫敦亨格福德輔導中心（The Hungerford Guidance Centre）輔導的青少年，在眾人眼中過於暴力，不適合念一般學校。例如，他們刺傷老師或放火燒學校。校長大衛・萊恩（David Lane）二十年前就開始對這些暴力的青少年教授我的思考方式。他追蹤調查二十年後發現，受過思考訓練的青少年，實際犯罪定罪率比未接受訓練的孩子低百分之十。這項統計數據是事實。

- 阿根廷有一所學校把我的思考方法教得十分徹底。該校學生在全國測驗的成績比其他學校高，甚至被調查是否有人作弊！
- 阿肖克．喬汗（Ashok Chouhan）還是學生時，從印度前往歐洲，口袋裡只有三美元。他搭的飛機改道飛往巴黎。他在機場候機時走進書店，買了我的第一本書（英文版）。有一晚我在德里演講時，他告訴我，他三十年來一直把這本書放在公事包裡。現在他的身家高達三十億美元，在印度創辦亞米堤大學（Amity University），還一度是東德最大的投資人。他相信自己成功的八成歸功於這本書。
- 我曾在巴塞隆納舉辦一場研討會。會後有位來自特內里費島的男士走過來告訴我，他年輕時功課不好，後來讀了我的一本書（我不知道是哪一本），現在他在荷蘭和西班牙擁有七家公司。
- 一九七六年蒙特婁奧運會造成鉅額虧損（也許虧了十億美元），之後就沒有城市想主辦奧運會。莫斯科最後同意主辦一九八〇年奧運會，但之後又沒有城市願意繼續。最後，洛杉磯同意主辦奧運會。然而，他們沒有虧損，反而倒賺二．五億美元。因此，現在所有城市競相爭取主辦奧運（甚至傳出迫切爭取主辦的城市涉及賄賂的指控）。洛杉磯奧運會主辦者彼得．尤伯羅斯（Peter Ueberroth）接受《華盛頓郵報》（*Washington Post*）採訪時說，他之所以能成功，是因為他能藉由水平思考產生新想法，還舉例說明。我寫信問他在哪裡學到這個方法。他提醒我，他在一九七五年為我在佛羅里達州博卡拉頓青年總裁組織（Young Presidents Organisation）主辦過九十分鐘的演講。他記住了那九十分鐘演講的精髓，九年後成功地學以致用。

- 我曾是澳洲維多利亞州改革委員。在一場委員會議後，杜厄提（Doherty）教授告訴我，他讀過我的第一本書，他的思考從此脫胎換骨，因而榮獲諾貝爾獎。
- 亞特基（Atkey）這間獨立組織，多年來持續在英國的學校推廣我的理念並進行研究。他們證明，把我的思考當作獨立科目教授，能讓所有其他學科成績提高三成到一倍。
- 在薇琪．凱文斯（Vicki Cavins）的指導下，某個鎮議會採納了我的思考方法，某個案子第一年就省下高達八千四百萬美元的金額。

• 英國新政計畫中，霍爾斯特集團（Holst Group）只對失業青年教授我的思考方法五個小時，這些人的就業率就暴漲五倍。一年後，其中百分之九十六的人仍在職，這是破紀錄的成就。

• 澳洲的珍妮佛．奧沙利文（Jennifer O'Sullivan）負責管理兩間就業社團，成員都是失業青年。這種社團的就業率一般是百分之四十。她向這些青年教授我的思考方法後，其中一間社團的就業率躍昇為百分之七十，另一間的就業率更高達百分之百。這些年輕人都是完全失聰人士。

• 西門子（歐洲最大的公司）運用我的思考方法，產品開發時間縮短百分之五十。

這種例子不勝枚舉。我寫出來是為想說明這些方法已經獲得大量採用。教導這些方法很容易，使用起來也相當簡單，同時也很實用。我已付梓的書也能證明，這些獨特的思考方法絕對有效。

老王賣瓜

我很喜歡威廉・詹姆斯（William James）這位哲學家，因為他著重實用主義。套用他的一句話：「形容事物的方法有千百種，但它的現金價值才是重點。」他指的不是實際的金錢，而是實用價值。也就是說，儘管複雜的敘述和理論可能有很多，但到頭來，它們到底管不管用？

可見，我在這本書中到處說明的思考方法實例非常重要。就算有點老王賣瓜的味道，但這說明這些思考方式在現實生活中（包括在商業、教育等層面）的確有用。

有位記者在採訪我時說，她不想聽我的理論有什麼實際效用。因此，你可以想見這篇訪談報導有多麼無用。

還有一位加拿大教育家聲稱我的CoRT課程太過簡單，根本不管用。我告訴他，這就像在說起司並不存在——因為這套方法確實管用，成效還相當卓著。

第一章

創造力

我們必須仔細研究我們的思考缺乏成效的因素。在第一章至第十四章中，我會深入探討各種思考領域。由於我們的思考習慣嚴重缺乏創造力，因此我會先說明創造力。我們深知進步源自創造力：以不同的角度看待事物、以全新的方式行事、結合各種元素以鍛造全新價值。

我們仰賴創造力，依靠創造力。但我們以往總是只希望有一位創造力豐富的人提供我們全新的想法和可能性。

為什麼需要創造力

人腦不是設計用來創造的。它設計的初衷是建立常規模式，接著加以遵循及運用。正因如此，生活才具有實際性和可能性。我們把百分之九十八的時間花在使用常規模式，只有百分之二的時間用來創造。

我們可以玩個遊戲來說明這一點。先從一個字母開始，然後加另一個字母。每次加的字母都要變成完整的新單字。

從「a」開始。

加上「t」，新單字就是「at」。

加上「c」，新單字就是「cat」。

加上「o」，新單字就是「coat」。

加上「r」，新單字就是「actor」。

在加上「r」之前，把現有字母加上新字母好造出新單字，做起來比較簡單；但有了「r」，就必須回頭徹底重組字母順序。

我們的生活隨時間不斷變化，新資訊不斷出現，我們就得把新資訊加入現有資訊中。有時我們可能必須回顧現有資訊並加以重組，這就是創造力。通常我們不一定需要回顧並重組現有資訊，可以堅持現有的狀態。但如果我們選擇回顧並重組資訊，就會得到更好的安排，這時我們運用的就是創造力。

大宗商品和價值

科技正成為唾手可得的普及商品。製造流程及效率也變成相當普遍的商品。中國和印度正迅速發展成為成本低廉的製造大國。

在自由貿易的世界，創造力將是唯一的差異化要素。有了創造力，就利用大宗商品創造出新產品、新服務和新價值。

為新產品和新服務賦予新價值時需要創造力。它也有助於設計出更新、更好的方式來傳達現有價值，還能直接設計新價值——再找到傳達這些新價值的方式。

語言問題

對「創造力」一詞的理解，我們面臨一個語言問題。就我們的理解，創造出前所未有的東西就是有創造力，但這並不代表它一定很好，你也可能只是製造了一團混亂。

這種理解形成一種觀念：創造力只是刻意追求不同——這正是許多富有創造力的

人抱持的思考。

如果門通常是長方形，而你建議製造三角形的門，那麼除非你能證明新形狀的門有價值，否則這就不算創造力。

問題是，「創造力」一詞並未對藝術創造力（就大家的理解）和思考創造力（有助於我們思考）加以區分。只要結果是新創的，就能稱為「創造力」。這就是我們必須發明「水平思考」一詞，以便特指和思考創造力。

儘管我的思考方法廣為藝術界應用（特別是音樂界），但我在這裡強調的是思考創造力。

思考創造力

因為英語沒有專門的詞彙可以表示「思考創新」，因此可能會發生嚴重的混淆。學校聲稱在教音樂、舞蹈和手指畫時，的確教的就是「創造力」。

許多人相信，如果你製造出一團亂，就代表你創造出新東西。因此，理論上而言，你是「有創造力的」。如果不考慮創造成果的價值，製造前所未有的東西就蘊涵創造力。實際上，越來越多人相信，標新立異正是創造力的本質。

可見，我們需要一個字眼表示思考創造力，同時反映變化、新鮮感和價值。

原因解析

諸多原因造成我們在文化及學術等層面上，未採取任何具體行動以培養創造力。前述的語言問題就是原因之一。它導致理解上的困難。當你宣稱能傳授創造力，別人就會問你能否培養出另一個達文西（Leonardo da Vinci）、貝多芬（Ludwig van Beethoven）、莫內（Claude Monet）或蕭邦（Frédéric Chopin）？這顯然是天方夜譚，因此結論就是：創造力是無法傳授的。

由於藉由邏輯無法解釋或取得創造力，於是大家認為創造力一定是少數人才能擁有的神祕天賦，其他人只有羨慕的份。

所有創造性思考事後都似乎都合乎邏輯——也就是說，當你有了某種思維後，如果事後看來確實符合邏輯，就能宣稱你一開始應該就是透過邏輯得出這種思維。因此，創造力並非必要條件，邏輯才是。我會在後文解釋這種在不對稱系統中的荒謬思維。

此外，創造力不能只憑智力。因此，聰明人可能會捍衛自己透過智力得到的地位，宣稱創造力是天生的，無法能學習到的技能。

這些就是我們忽略創造力的部分傳統原因。

透過腦力激盪激發創造力

這個方法源自廣告業，這是獲得創造力的正規途徑。雖然它具備一定的價值，但整體效果很不理想。

想像一下：某個人走在路上。他只是普通人——不是音樂家。後來他被繩子綁住。現在有人拿出一把小提琴。被捆住的人當然拉不了小提琴。有人建議割斷繩子，這個人就能拉小提琴，成為音樂家。這當然是胡扯，但這個例子很像腦力激盪——只拿掉限制條件（例如割斷繩子）是不夠的。

如果你被限制住，或者所有想法都遭到抨擊，這樣確實很難發揮創造力。所以，如果消除限制因素和抨擊，大家一定都會有創造力。這比上述剪斷繩子的例子更有邏輯一點，因為它假設大家都具備創造天賦。

腦力激盪確實有其價值，但和一些正規的水平思考工具相比，前者的流程相當薄弱。僅僅消除限制條件並暫時中止判斷是不夠的。腦力激盪的傳統流程，有時讓人誤以為你必須丟出一連串的想法（經常是瘋狂的點子），期望其中一個能歪打正著。

我們需要以更謹慎的思考流程，積極地激勵並提升創造力。

創造力：天賦還是技能？

這個問題相當重要。如果創造力源自天賦，我們就能尋找這種天賦，加以培養、發展並鼓勵。但對於不具這種天賦的人，我們只能徒呼負負。

我必須提醒各位：本書討論的是思考創造力和水平思考，而非藝術天賦。

如果思考創造力屬於技能，那大家都能學習、練習並運用這種技能。就像網球、滑雪或烹飪，有些人比他人擅長。然而，大家都能學習這項技能到堪用的水準，思考創造力就像數學，可以進行正規教學和應用。

行為

一些人似乎比他人更有創造力。這是因為他們享受並重視創造力，因此他們花較多時間努力創造。他們逐步累積在創造力的自信，進而提升了他們的創造力，形成一良性循環。

有些人的好奇心比較強，有些人比較享受創意和新思維。但這不表示缺乏這種特徵的人就沒有創造力。他們可以像學習數學基本技巧一樣，特意學習水平思考的技巧。大家都能學加法和乘法。

認為創造力無法傳授的觀點，往往以例如愛因斯坦（Einstein）、米開朗基羅（Michelangelo）和比約．恩柏格（Bjorn Borg）等創造力和天賦極強的部分範例為佐證。但想像一下一群人排成一列賽跑。有人跑第一名，有人跑最後一名，他們的成績取決於他們天生的跑步能力。

現在，如果所有跑者都接受了四輪溜冰訓練，他們的成績全都會提高，但一樣有人會領先，有人會落後。

可見，如果我們對創造力置之不理，顯然創造力的高低只能依靠「天生」的能力。但如果我們提供訓練、建構及系統化技巧，就能提高整體的創造力水準。儘管有些人仍會比其他人優秀，但大家都將得到一些創造力。

那我們該如何得到這些技巧？告誡和示範確實有些成效，但仍不明顯。我們需要能創造出新思維的具體心智工具、操作方法和習慣。大家能特意學習、練習並使用這些工具及技巧。

你不必再坐在溪邊，一面聽巴洛克音樂，一面等待靈感乍現。你當然大可一試，但效果遠不如特意運用水平思考的技術。

等到你慢慢掌握到相關技巧，就會更有自信，思維會越來越卓越。

所有水平思考工具的設計基礎，都是把大腦視為不對稱模式的自我組織資訊系統。逾四十年的使用經驗證明，這些工具對各種年齡、能力、背景和文化的人都有成效，因為這些工具涉及根本層面，也確實能影響行為。

創造力的邏輯

很多人或許會很訝異，思考創造力其實是一套邏輯流程，因為他們相信邏輯不可能產生創造力。創造力確實具有邏輯性，只不過和一般的邏輯不同。

邏輯定義了某種領域內的行為規則。依照大家的邏輯，這個領域由語言或離散元素所組成：語言指的是類似盒子、雲朵和微笑等等的獨立事物。它們都是離散或獨立的元素。就創造力而言，這個領域就是構成不對稱模式的自我組織模式系統，而邏輯在這個相當特殊的領域中，界定了行為的準則。

模式

某人早上起床後，發現到他有十一件衣物可以穿，那他有幾種穿搭方式呢？

他用電腦找出所有的搭配方式，但電腦花了四十小時才完成（這是多年前的測試，現在的電腦比較快，但道理是一樣的）。十一件衣物有39,916,800種穿搭方式。

第一件衣物有十一種選擇，第二件有十種，依此類推。

如果你每種穿搭只花一分鐘，你必須活到七十六歲——你醒著的每分鐘都要拿來嘗試不同的穿搭。

如果這是大腦的運作模式，生活會極不實際且困難重重。起床、過馬路、上班、閱讀和寫字會占掉你所有的時間。

但這並非大腦的運作模式。我們之所以能存在，就是因為大腦是一套自我組織資訊系統，能根據輸入資訊形成相對的模式。這就是它的優異之處。我們只需要辨識「穿著」的例行模式，然後選擇並執行正常慣例就行了。這就是你為什麼早上能開車上班、閱讀、寫字及完成日常生活的所有其他事情。

想像一下你有一張紙，你用筆在上面作了個記號。紙的表面準確地記錄下來，而且先前的記號不會影響記錄新記號的方式。

現在，把這張紙換成裝在一個淺盤裡的吉利丁。舀幾匙熱水倒在吉利丁上，熱水會讓吉利丁溶解，不久表面會形成幾道小溝。在這種情況中，現有資訊會強烈影響新資訊的接收方式，這個過程和雨水落到地表上一樣：會先後形成小溪和河流。後降的雨水將沿著前面雨水形成的軌跡流動，並形成溝渠。吉利丁和地表讓熱水和雨水自我組織成小溝或各種景觀。

我在一九六九年出版的《思考的奧祕》一書中，說明大腦是運作模式。大腦與電腦不同，前者屬於上述第二類的資訊接收方式。我解釋了神經網路的運作和吉利丁或地形形成的類似之處。

什麼叫做「模式」？

當事物從某種狀態改變到下一種狀態時，某種可能性發生的機率要高於其他可能性，就形成一種模式。例如，你佇立一條花園小徑上，沿著小徑走下去的可能性高於偏離小徑漫步的可能性。

《思考的奧祕》一書說明了大腦形成模式的過程。我們可以用小徑代表模式。無論何時，我們沿著同方向前行比改變方向的機率高。在特定環境下，大腦某種「狀態」轉變為某種特定狀態的機率，比其他任何狀態高。

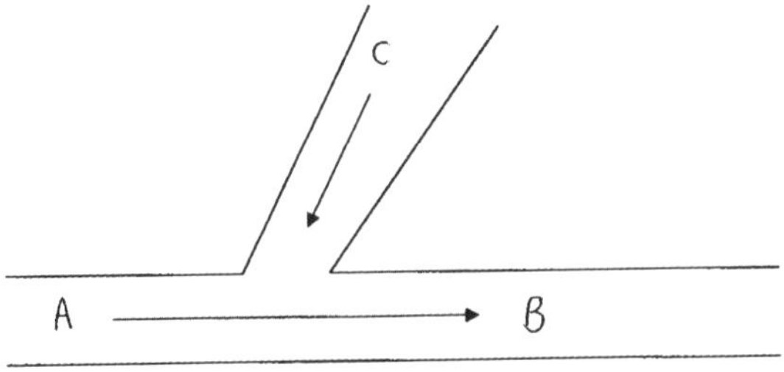

不對稱性

然而，模式系統往往是不對稱的。

如上所述，我們可以用小徑來代表模式，因為每踏出下一步，沿著路徑繼續走的機率最高，而非停下來思考每條岔路。A點是通往B的路徑的起點；C點是岔路的終點。這表示從A到C的路徑與從C到A的路徑不同。儘管你可以從A走到C（照習慣走法或沿著路徑，從A走到B，然後繞道走向岔路的另一端，即C點），但如果你從C點進入岔路，就會發現從C到A的路徑其實很簡單（可以直接沿著岔路走到主要路徑上）。

現在再設想，從A點往D點的主要路徑逐漸變窄。路徑變窄表示從A走到D比較困難，但反方向就比較好走，那麼從A到B的路徑相對來說就比較寬闊，所以走通往D的路徑就更不可能了。

這種不對稱就是幽默和創造力的邏輯基礎。

幽默和創造力

幽默絕對是人腦最重要的行為，比理智重要得多。幽默更能說明根本系統的相關資訊，透露大腦會形成不對稱模式。

在幽默中，我們從A點被帶著沿著主路徑前行，突然改變方向，往岔路上的端點（B）走。到了B點，馬上看到原本可以走其他路徑（從B到A）。一到達那裡，就明白這條路徑其實相當合理，而且完全符合邏輯。

例如，一位九十歲的老人下了地獄。他環顧四周，見到一個年齡相仿的朋友，還有一個金髮辣妹坐在他腿上。

他問朋友：「這裡真的是地獄？你好像比原來過得更好！」他朋友回答：「這裡真的是地獄。我就是她的懲罰。」

這種解釋完全合乎邏輯，但完全扭轉情境。這就是幽默帶來的驚喜。

在愛爾蘭的一座火車站，一名英國人衝進站長室，抱怨月臺上的兩個時鐘顯示的時間不相同。

站長看著他，說：「當然啊，幹嘛要掛兩個時間相同的時鐘？」他的回答包含一種出乎意料的邏輯。這種突然轉換概念帶來的意外效果，正是笑點所在。

兩位金髮辣妹各走在水道兩側。其中一位對另一位大喊：「怎麼才能到對面？」另一位回她：「妳已經在對面了呀！」

所以說，幽默的部分效果源自各種偏見和成見。

我在飛機上回到座位時，撞到頭頂的行李櫃。鄰座的人對我說：「我的頭也撞到那個櫃子，它太低了。」

「正好相反，」我說：「問題是櫃子裝得太高，而不是太低。」

這種交流雖然一點都不幽默，但也突然轉換了概念，最後也能說得通。如果行李櫃裝得很低，你就會明白必須低頭；如果行李櫃裝得很高，那麼低不低頭都無所謂；但如果櫃子裝在你可能不需要低頭的位置，那麼你不低頭就會撞上去。

不對稱模式的幽默模型同樣也適用於創造力。對事物突然產生不同的看法，事後看來就符合邏輯。

有價值的創意事後看來都符合邏輯。就某種程度上而言，「有價值」指的就是事後看來符合邏輯。

在人類歷史上，我們首次有了創造力的邏輯基礎。創造力不再是神祕大禮或特殊才能。我們現在可以把創造力看成可以產生不對稱模式的自我組織資訊系統（如大腦）的行為。

一旦瞭解根本運作系統，就能設計工具，進而特意刺激創造力。這些工具也許會很有成效。大家無須枯等想法和靈感乍現，可以採取某些動作，讓大腦產生新點子，這是人類史上的一大進步。

兩千四百年來，這種創造力付之闕如，造成嚴重的問題，也解釋了大家對培養創造力毫無作為的原因。

如果某個點子事後看來「符合邏輯」，那我們就能宣稱它原本就能藉由「邏輯」獲得。由於這些想法全都能借助邏輯獲得，那創造力就無用武之地。

這完全是胡說八道。在不對稱系統中，事後顯而易見又符合邏輯的東西，是大家無法預見的。

由於哲學家一直在玩文字遊戲，並未考慮自我組織模式建立系統，所以無法發現事後明顯但事前卻非顯而易見的概念。這就是我們對培養創造力毫無作為的原因。

激發創造力的隨機字彙工具

某家鋼鐵公司運用這種工具。光是一個下午，就在一場座談會中產生超過兩萬個新點子。我首先選擇這項水平思考工具，原因有幾個：

1. 它看似完全不合邏輯，不太可能奏效

2. 它或許是最容易掌握的工具之一
3. 效果相當強大
4. 其實完全合乎邏輯

流程

首先要有自己的目標焦點，知道你想產生哪個領域的新思維。

然後要找個「隨機字彙」。名詞使用起來最簡單，所以請用一個名詞當隨機字彙。你可以藉由幾種方式找到隨機字彙。

你可以把一張寫著六十個字彙的卡片放在口袋裡。然後看一下手錶，如果秒針指向二十七秒，就選擇名單上第二十七個字彙。

你也可以隨機選擇字典的某一頁，再選擇該頁第十個（或第N個）單字，然後繼續往下找到名詞為止。你也可以隨便選一本有頁碼和行數的書執行這個步驟。

你也可以把寫上字彙的紙條放進袋子裡，再隨機抽一張出來。

你還可以閉上眼睛，用手指指出報紙或書的某一頁，然後選擇離你手指最近的字彙。

想得到隨機字彙，這些方法都很實用。一旦得到隨機字彙，就能用來針對主題激發相關思維。這種心理操作稱為「移動」（movement），和我在其他地方提到的「判斷」截然不同。你的任務是運用隨機字彙打開新思路，而非要找到隨機字彙和主題之間的連結關係。

邏輯

乍看之下，這個過程似乎完全不合邏輯。邏輯的精髓在於：下一步的考量因素相當重要又相關。但若使用隨機字彙技巧，下一步就不重要也不相關。

如果隨機字彙真的夠隨機，那麼它和任何可能的焦點都一樣相關。實際上，任何隨機字彙和焦點都相關。邏輯學家會將此斥為無稽之談，但這完全符合邏輯——在不對稱模式系統的領域。我將在其他章節詳細解釋，這裡只簡單說明。

假設你住在小鎮裡。每次離家總走主要幹道，這條路滿足你的移動需求，你因此忽略了許多岔路。某天，你的車在鎮郊壞了，你只能走路回家。你四處問路，最後走了從未走過的路回家。你注意到，走這條路到你喜歡的餐廳更好。其中的邏輯很簡單。如果你從中心點出發，你的路徑就由該點的模式概率決定——因此你會選擇熟悉的路；但如果你從周邊不同的起點往中心點出發，就能找到一條新路徑。

塑造

塑造的含義比較廣泛，涵蓋了影響、改變、概念轉換和效果等。

你正嘗試為一間餐廳想新點子。你用了隨機字彙技巧。那個字是「電影院」。

塑造可以很直接：用餐者可能會要求餐廳提供DVD播放器和耳機，邊看電影邊用餐，因為很多情侶用餐的需求高於交談。

塑造也可以比較間接：電影院總是伸手不見五指，也許大家在昏暗的餐廳更能品嘗美食。和你一起用餐的是誰也不重要，反正大家都看不到。根據這一點，我們還能想到為情侶提供私密隔間的高隱蔽性餐廳。

另外，電影院有電影放映時間表。同樣地，餐廳也能在不同時間提供不同的菜單，方便客人根據喜歡的菜單選擇用餐的時間。

「聖經」又如何塑造出「考試」呢？

聖經亙古不變，因此考試的題目可能會保持不變，但每個問題都是為了測試考生對學科的瞭解而設計。

聖經探討的是「真理」，因此考試也許能讓考生以兩種不同方式作答。這樣既會有「真實的答案」，也可能會因此激盪出「推測性的答案」。

隨機字彙效應

如果考量不對稱性，就能理解水平思考的「隨機字彙」工具為什麼能發揮效用。

隨機字彙由C方向靠近，帶來兩種結果：第一，避免從路徑A到路徑B的優勢地位；第二，打開了從C方向的路徑。

隨機字彙並非點子本身，隨機字彙也不是「C」本身，它打開了一條引導至C點想法的路徑。

可見，在不對稱模式的領域裡，隨機字彙是完全合乎邏輯的程序。

水平思考代表從岔路出發，並改變觀點、概念和出發點等，避免死抱著既有的想法苦思。在第四章的網球範例中，你把注意力由贏家轉向輸家，並跳脫慣性思考的路線。

在另一則範例中，阿嬤正坐著織毛線，三歲的蘇珊在玩阿嬤的線團，阿嬤很煩惱。某位家長建議把蘇珊放在遊戲護欄中，免得她打擾阿嬤；另一位家長建議讓阿嬤待在護欄裡，免得她被蘇珊打擾。

嚴格來說，不對稱的範例說明水平思考意味著在模式之間移動，而非遵循著模式。因此，我們從主要路徑水平移向岔路的終點。一旦找到新點子，事後看來就符合邏輯。

練習

以下是四項焦點主題，以及六十個隨機字彙的清單。請為每個主題挑一個隨機字彙，並將不同主題與不同情境進行串聯分析，別一次處理四個主題。

焦點為：

一齣新的電視節目

一項新運動

一個汽車相關創意

一個網路商務相關創意

隨機字彙

看著你手錶的秒針，決定使用哪個號碼的隨機字彙。

總結：創造力

創造力的產生過程和幽默相同。我們突然以新角度看待事物，並水平轉移到岔路上，在事後發現它完全合理。但該如何才能到達岔路上的「創意點」？這正是需要使用刺激技巧的時候。這些技巧能協助我們逃離思考主幹道，提高進入岔路的機會——水平思考中的「水平」指的不是遵循正常思考模式，而是水平橫向穿越各種模式。

我藉由水平思考提出一種刺激。我創出——「PO」這個詞，用來表示接下來的內容是一種刺激，「PO」也可以指「刺激性操作」（Provocative Operation）。接下來的內容將用於刺激的「移動」價值，而非「判斷」價值，所以刺激有時可能完全不合邏輯。利用刺激，我們可以藉由可控管的方式暫時「瘋狂」三十秒。判斷會讓我們拒絕某些荒誕的想法。移動卻能讓我們從部分想法中得到實用的新點子，這就是為什麼整體而言，刺激是水平思考及創造力的基本層面。

有一次我為加州一間環保組織舉辦研討會。有人提到工廠在河流上游排放汙水，讓下游的人承受汙水之苦。對此，我提出一項刺激：「PO：讓工廠自己蓋在下游。」

這項刺激聽起來完全不可能——這就是所謂「一廂情願」的刺激。這個想法荒謬至極，因為工廠不可能同時位於兩處。但採用「移動」，我們就能汲取出「工廠應自身承擔污染後果」的概念，再因此想出一個相當簡單的想法：立法規定若在河邊蓋工廠，其水源必須取自其排放污水的河流下游。這樣，工廠會是其污水的第一個受害者。我後來聽說這在某些國家已經立法通過。

這個想法和多數具創造力的想法一樣，事後想來完全符合邏輯。但由於模式的不對稱特性，透過邏輯無法產生這個想法。如果宣稱事後看來合乎邏輯的想法，一定是透過邏輯取得的，這種人一定不懂不對稱模式。

一棵樹的樹幹裂成兩半，每一半又分裂成許多樹枝，而每個樹枝又繼續分枝。那麼，樹幹上的一隻螞蟻爬到某個特定的葉子上的機率是多少？在每個分枝點上，機率會以樹枝數量的倒數逐漸降低。平均一棵樹的機率大約是八千分之一。

現在想像一下：某片樹葉上有一隻螞蟻，它爬到樹幹的機率有多高？這個機率一比一或百分之百，因為這個方向沒有分支，這就是不對稱性。

同樣地，藉由邏輯得到創造力的機會非常低。但想法一旦成形，事後看來就會顯而易見又符合邏輯。這就是不對稱模式系統的特性——但無論玩文字遊戲多少次，都無法讓我們理解這一點。

信	釘子	高麗菜
牙齒	杯子	蟲子
降落傘	錢包	交通
車票	眼鏡	啤酒
氣球	鑰匙	藥片
書桌	聖經	湯
障礙物	油漆	床鋪
炸彈	游泳	跳蚤
煙火	葡萄酒	網子
車輪	養老金	鏈條

警察	馬戲團	公車
尖叫	橡膠	小船
雲朵	學校	斧頭
收音機	高塔	戒指
海灘	辦公室	商店
鮮花	網球	眼睛
代碼	賽跑	法律
執照	月亮	考試
耳朵	大門	麵包
肥皂	椅子	俱樂部

創造力很重要，而且越來越重要。

規勸的確有點作用，但只規勸大家要有創造力還不夠。

創造力和需要特意學習的技能一樣實用——別再只會空等靈感乍現。

第二章

正規水平思考工具

「水平」這個字眼與思考相關時，泛指在不同思考模式間移動，而非依照模式思考——這就是創造力的特性和邏輯。

有些正規工具能幫助我們水平移動，就像學習數學並加以應用一樣，我們可以特意學習並使用這些工具。儘管有些人可能在使用這些工具時比較純熟，能夠產生更多想法——但任何人都能學習並使用這種工具。這些工具大幅提高孕育出新想法的機會——就像在煉鋼廠裡，大家只用了一項工具，僅僅一個下午就產生兩萬一千個新想法一樣。

有些人反對，認為創造力代表思想自由，因此，任何架構都會妨礙創造力。這個觀點是錯的。如果你被鎖在房間裡，你需要一把正規的鑰匙才能出去，但這把鑰匙無法決定你出了房間後該往哪走。結構就是你的鑰匙。

如果想全面了解這些思考工具，可以閱讀我的其他著作，或參加正式訓練。全球還有約一千兩百位水平思考認證講師，目前許多公司內部也有講師。

挑戰

如果某個方向有一條顯眼又吸引人的路線，我們就無法採取其他未知路線。這條路會引導我們前進，我們不必探索路徑兩側或更遠的地方。正如第一章所說的，主導心智的模式會迅速把我們帶往那個方向。

水平思考的第一種工具要求我們封鎖這條「顯眼」的路徑（從A到B）。要注意的是：這種封鎖絕不是批評，而是承認這可能是最好的路線——甚至可能是唯一可能的路線，但我們想暫時封鎖它，探尋其他路線。

要記住：千萬不要把「挑戰」當作攻擊。即使是最好及最成功的想法，我們都要挑戰它，否則就會受限於不完美的想法。

油井通常垂直地鑽探石油。這個方法沿用了超過八十年，成效相當好。一九七〇年，我在倫敦為殼牌石油舉辦的研討會中提出一項挑戰，建議到達一定深度後改採水平式鑽油。現在這已是標準流程，這種油井的產油量是垂直油井的三到六倍。我不是說這種改變是出於我的建議，但結果證明這個想法相當有效。

為什麼這麼久才想出這個點子？原來的想法還管用的時候，大家不會有動力尋找替代方案。

焦點

「我們都很有創造力。現在，應該發揮在哪裡呢？」

應用創造力時，焦點是相當重要的因素。哪個領域需要新點子呢？如果無法明確定義思考焦點，就無法特意產生想法，只能坐等靈光乍現。

焦點可分為兩大類型。

目的焦點

這是我們最為熟悉的焦點：解決某些難題、要簡化某些流程、要完成某些任務、要處理某些衝突、要執行某些改善計畫等等。

我們清楚知道思考的目的，知道為什麼思考和希望達成什麼目標。藉由目的焦點，絕對可以將目的說明清楚。就像朝著目的地旅遊一樣，知道自己要往哪裡去。

範圍焦點

範圍焦點和目的焦點截然不同。我們只要簡單定義希望產生新點子的「範圍」就好，不必說明目的。比如：

「我們需要關於進入銀行時該採取的第一步的新點子。」
「我們需要關於停車場的新點子。」
「我們需要關於酒杯的新點子。」
「我們需要關於學校課程的新點子。」
「我們需要關於鉛筆的新點子。」

關於鉛筆的新點子可能會使鉛筆成本更便宜，或者讓鉛筆更好削，抑或讓鉛筆增加新功能，或可能看起來更吸引人，還是簡化鉛筆的製造流程等等。

對於範圍焦點而言，使用隨機字彙工具非常有效，就連起點不明確時也很實用。

焦點範圍的定義可寬可窄。比如：

「我需要關於公共運輸的新點子。」

「我需要關於公車的新點子。」

「我需要關於公車路線的新點子。」

「我需要關於公車座位的新點子。」

「我需要關於公車第一排座位的新點子。」

這些都能當作焦點。

有了焦點之後，現在只需要大家停下來，集中注意力，開始進行水平思考。這時不需要任何特殊技巧，只需要投入時間、精力和注意力——也就是願意尋找新想法。

在澳洲墨爾本的某個招待會上，我結識了名叫約翰．伯特蘭（John Bertrand）的年輕人。他是一九八三年美洲盃帆船賽澳洲隊隊長。之前一百三十年，冠軍總是被美國隊奪走。所以伯特蘭告訴我，他和隊員如何苦心尋找賽船的所有缺點，並設法發現改進的新點子。在投注時間、精力和專注之後，他們最明顯的改變就是設計出（現在非常有名的）翼型龍骨（winged keel）。之後，澳洲隊成為史上首支奪走美洲盃帆船賽冠軍的非美國隊伍。這是願意尋找新想法及善用水平思考的經典範例。

創造力目標清單

這是需要運用創造性思考的正式目標清單。你可以貼在公布欄上或放上網站，或者印成卡片，發到各辦公桌和工作場所。很多極具創造力的人都喜歡坐等靈感降臨，但創造力目標清單提供了目標和需求。你必須能提出與清單上的項目相關的新想法，甚至可能被特別要求在某個特定期限內針對某個具體項目提出想法。你可以組成團隊以利完成某項清單上的任務，同時在規定的日期進行回報。

清單可能會有所變動，但有些項目可能會持續得久一點。清單上的項目應該維持在十個左右。

這些項目可以混合目的焦點和範圍焦點，大家可以提出建議，增加新的焦點。所以，這份清單對創造性思考提供了永久性的「需求」。

某位主管可能在開會或讀文章時，突然發現他無意看到的資訊恰好與創造力目標清單的某個項目密切相關。

創造力目標清單也不排除可能會分配給個人或團隊特定的創意任務。這份清單提供了永久的需求背景，強調我們永遠需要創造力。

概念

概念是整體思考的重要元素，對創造性思考則更為重要。有趣的是，北美文化似乎對此興趣缺缺。他們認為概念屬於學術空論，與眾人所需的「實際操作」形成對比。然而，概念對創造力來說非常重要。

你可以找出目前相當普遍的概念，試著用其他方式表達出來。如果你理解車險的概念，你還能怎樣表達相同的概念？或許你可以解釋成汽油銷售保險稅。

這些概念可以是操作性或功能性概念，用以描述完成任務的方式。

可以是價值性概念，說明其價值所在。

也可以是目標性概念，解釋我們行動的原因。

若是描述性概念，則用以說明具備某種共同特徵的所有事物。

概念可分成好幾個層次，包括從非常廣義的概念，到鉅細靡遺、幾乎可稱作想法的具體概念；而想法就是將概念付諸行動的實際途徑。

廣義上，單車就是一種交通工具；細分之後，單車就是一種個人交通工具；再加以細分，單車是一種人力驅動（無污染）的交通工具；繼續細分之後，單車是一種兩輪機械，藉由踏板曲柄轉動其中一個輪子。細分至此，單車的具體設計概念已然成形。

概念孕育出想法。從個人、人力驅動的交通工具概念出發，衍生出替代方案，比如溜冰鞋、滑板，甚或全新的點子——例如把人包在裡面的大輪子，也可以把人固定在移動的車上，甚至在家裡用跑步發電機充電的電動摩托車也算。

概念汲取

使用這種水平思考工具應該比其他工具簡單，因為它看似更「合理」。不過在實務上，概念汲取相當困難，因為它不像其他技巧具有直接刺激效果。

上文已討論了概念的重要性。藉由「概念汲取」，我們試圖找出替代方案和新想法，再尋找各種可能的方式，藉由具體的想法表達這種概念。

假設我們從「餐廳」汲取出「吃你所買得到的美食」這項概念。我們就能衍生出打電話預約某位廚師帶食材到家裡煮飯；美食外送到府（外賣）是另一種已經付諸實現的想法；此外，我們也能建立一套「邀請用餐」系統，讓普通家庭收取公定價，邀請陌生人到家裡用餐。

澳洲某位小鎮鎮長找到我，說這個小鎮面臨一個問題：通勤族每天開車到鎮上，把車子停在街上一整天，害開車購物的人很難找到停車位。一般的應對之策是裝停車計時器，以限制停車時間。他該這麼做嗎？這樣做，安裝設備和執行的費用會很高。

這個問題可以汲取出什麼概念？我們需要找到方法，限制大家將車停在街上的時間；另一種辦法是立法規定，停在某些指定區域的車必須將大燈完全打開。這樣你就不能把車子停在那裏太久，免得電池沒電。車主就不可能停車一整天。你只能停車、衝進商店購物再衝出來把車開走。這是一種自制機制。

概念扇

還有一種概念工具叫做「概念扇」（concept fan）。

如果想把某樣東西掛在正常高度房間的天花板上，辦法很簡單，找個梯子就行了。但若找不到梯子，你會不會就此放棄，覺得這是不可能的任務？

梯子只是「讓我離開地面」的一種方式。「讓我離開地面」是概念，也就是固定點。很多辦法能滿足這個固定點——站在桌子上或請人把我扛起來。

但「讓我離開地面」又只是「縮短物體和天花板距離」的其中一種方法。後者就成了新的固定點，而我們必須尋找它的替代方案。

這些替代方案本身也是種概念。其中一個概念——「延長我的手臂」，可以藉由「用棍子」來實現；另一個替代概念——「讓物體自己接近天花板」，可以將物體綁在一個球上，再把球扔向天花板。

所以在本例中，我們從一個想法（梯子）汲取一個概念，這個概念就成了其他想法的固定點。但我們也從這個概念本身轉換到更廣義的概念，後者又成為其他替代概念的固定點。這些替代概念又都成為其他替代概念的固定點。所以，這兩層概念將所有替代方案進行分層排列。

這就是「概念扇」。概念扇的一端是思考的目的或目標。該怎麼達成任務？如何到達目的地？我們要反向思考。首先，怎樣的廣義概念能引領我們達成目的？在下一個層面，哪些具體概念能滿足這項廣義概念？最後，怎樣的具體想法能表達這些概念？這套流程便產生分層效果。每層都使下一層的選擇呈倍數增加。這種強大的工具能建立替代方案，達到預期目的。

現在我們換個例子，請拿一張紙和一支筆。先在紙的右側寫上你想達成的明確目的。比如，你可能從「都市交通阻塞問題」開始。其中隱含的目的是如何解決都市交通堵塞的問題。你可以在圖表中，把所有想法都從紙上的這一點流瀉而出或層層列出。

下一個層次要列出可能有助於解決問題的廣義概念，即「思考方向」。這些概念可能是：減少車輛、改善交通流量、增加交通空間等。

然後我們向後（即紙的右側）列出可以執行廣義概念的具體概念。

對於「減少車輛」，具體概念可以是：限制車輛數目、防阻車流、減少交通需求、共用車輛。

對於「改善交通流量」，具體概念可以是：解決每日早晚尖峰流量問題、減少十字路口。

對於「增加交通空間」，具體概念可以是：修更多道路、選擇小型車。

然後就能針對各項具體概念，尋找將其付諸實踐的辦法。

針對「限制車輛數目」——徵收高額通行費、拍賣購車許可證（新加坡已實行）、發放都市特別通行證。

針對「防阻車流」，具體概念可以是：針對進入市區收取高額交通壅塞費（例如倫敦）、不提供停車位、降低道路品質、公布交通流量不佳的狀況。

針對「減少交通需求」，具體概念可以是：分散商店和辦公室、透過網路居家辦公、設置工作站。

針對「共用運輸」，具體概念可以是：公車、有軌電車、輕軌、計程車、共乘計程車。

另一項廣義概念是「改善交通流量」，實現這個概念的辦法如下：

針對「減少尖峰流量」，具體概念可以是：分段上下班、徵收不同的通行費、提供稅收優惠。

針對「減少十字路口」，具體概念可以是：蓋天橋和地下道、蓋圓環、設計螺旋式道路。

還有一個廣義概念是「增加交通空間」，實現這個概念的辦法如下：

針對「修更多道路」，具體概念可以是：蓋地下道路、蓋高架道路及利用河堤。

針對「選擇小型車」，具體概念可以是：單車、輕型機車、小型汽車。

在這種分層效果中，每一點都能以倍數在下一層衍生出更多點。很重要的一點是：廣義概念（即思考方向）越廣泛越好。大家常常把具體概念視為廣義概念，這些具體概念無法產生分層效果。

有時可以繼續往下一層分析，讓各種想法更具體化（要在哪裡建高架道路？）。

「概念扇」可以由個人或團隊共同完成，它就是由廣義概念衍生多套替代方案的一種思考工具。

刺激

從數學上看，所有自我組織系統都需要刺激，否則系統將陷入局部平衡。

傳統思考大量運用判斷。藉由判斷能產生想法，再加以判斷。你可以接受或拒絕這個想法。在我們的人生中，判斷往往不可或缺，也十分實用。「辨識」類的判斷能讓我們快速擷取自己和他人過往的經驗；評估類的判斷能讓我們不犯錯。凡事不加以判斷，就生存不下去。因此，難怪大腦是一台判斷機器，哲學家把焦點全放在事實或判斷上，也理所當然。

這些全都沒有問題，但水平思考要求不同的操作方式。你應該觀察這個想法能帶你到怎樣的境界，而非一味接受或拒絕。這種做法能讓這個想法發揮不同的功用。

「刺激」是水平思考的一種技巧。

愛因斯坦曾經進行所謂的「思考實驗」。他說：「如果我以光速移動，會看到什麼景象？」堆積木的孩子「想看看會發生什麼事」，他也是在做實驗。

「刺激」和心智實驗息息相關。「刺激」允許我們提出不合理、可能與經驗相悖和可能毫無意義的陳述。我們在前面加上信號詞「PO」代表這是刺激。「PO」可以理解為「刺激性操作」，也與「可能」（possible）、「假設」（hypothesis）、「提出」（pose）、「潛力」（potential）等相關。

刺激這項工具能翻攪我們的思維，提高我們產生創意的機會，而非枯等想法敲門。

這項工具能讓我們創造出跳脫正常經驗的刺激，我們便可把它當墊腳石，跨越到另一條路徑上。第一章，讓工廠處於下游的創意就屬於這種刺激。

刺激和移動

接著，我們便運用稱為「移動」的新型心智運作（mental operation），繼而由刺激前進到新想法（新想法是「移動」的終極目標）。可見，這是另一種水平移動的方法。

「移動」的整體概念表示我們願意積極探索，繼續前進，而非判斷事物的對錯。我們可以運用移動，將空洞的想法改造成優秀的點子，也可以將建議打造成具體的想法，還可以將概念發展成想法。

執行「移動」的方式有很多：

- 汲取概念，針對概念加以思考。
- 鎖定刺激與一般狀況的差異。
- 找出事物的積極面，針對它進行思考。
- 想像將刺激付諸實踐後的情形。

PO：**汽車應該裝方形的車輪**。工程師絕無法接受這個想法。這個點子需要太多能源，車子會被震碎，行駛時也會非常顛簸。藉由「移動」，我們可以想像方輪在轉動，車身因尖角著地而上升，又因平面著地而下降。我們可以預見到這種循環的過程。因此，如果事先調整懸吊系統，乘坐時就會很平穩。因此，我們可以發展出「預期懸吊」的創意：汽車前方的小型導輪能感應地面顛簸的程度。信號發送回來後，懸吊系統就能預先做出反應。車輪將隨路況滾動，讓車輛平穩前進。車輛行駛在崎嶇的路面上時，乘客就不會上下顛簸了。車身也能維持平穩，但車輪會隨路況滾動。曾有一間汽車製造商實驗過這個想法。他說效果一如預期。他們並未使用導輪，而是採用懸吊系統本身的壓力變化來檢測路況。但這項刺激讓他們開發出新型懸吊系統。

PO：**飛機腹部朝上著陸。**這聽起來荒謬至極。如果飛機腹部朝上著陸，那麼機翼會產生向下的推力。這個想法將衍生出在一般飛機上安裝兩個小翼尖，藉以產生「負偏壓」（一種向下的推力）。在緊急情況下，如果需要額外的升力，可以使其停止運作——例如把它們往上折疊。這樣馬上就能產生一股額外的升力。很多飛機事故的肇因，正是因為緊急時無法迅速增加升力所致。我曾經與波音公司的部分高層討論過這個想法。可見，運用刺激確實引發有趣的點子。

刺激的邏輯

數學家十分理解「刺激」的必要性。自我組織系統往往會維持所謂局部平衡的穩定狀態。它們會維持這種狀態，直到某種刺激將它推向更全面的平衡狀態為止。

數學家將這個過程稱為「退火」。這個字眼源自煉鋼。鋼的晶體結構維持在穩定但不堅固的狀態。因此，只要再次加熱，就能刺激它們，使其更趨穩——然後反覆進行下去。

在某種程度上，人的心智同樣處於局部穩定的狀態，需要加以刺激，才能使心智趨近更廣泛的平衡。

建立刺激的方法

我們要牢記最重要的一點：刺激不是半成品的概念或即將成形的想法。刺激和現狀息息相關。一旦有了刺激，就能善加運用其「移動」價值。

任何事物都能作為刺激。你可以根據判斷條件拒絕某個想法，再將這個想法變成你的刺激。此外，還有許多正規的方法可以建立刺激：出現、擺脫、反轉、扭曲、誇大和異想天開。

出現

討論或腦力激盪過程中出現的評論可特意用來當作刺激。這不是要取代這項評論，而是加以補充。你可以聲明你要建立這項刺激：「PO……」

擺脫

擺脫是最簡單的方法。只要選擇我們在某個情境中視為理所當然的事物，再丟棄或「擺脫」它就行了。如果我們認為看門狗一定會叫，就可以建立：「ＰＯ：看門狗不會叫。」根據這一點，發展出訓練狗用爪子按某個按鈕，一按就會觸動整個警報系統，通知警方並啟動錄有狗叫聲的錄音機。

「ＰＯ：餐廳裡沒有椅子。」利用「時刻觀察」的移動策略，我們可以想像餐廳的客人全都站著吃東西，待在餐廳裡的時間也因此變短。從這一點，就能發展出不僅收取餐點費，還依用餐時間收費的想法。

反轉

藉由這個方式，我們要對正常的關係加以反轉。濾嘴的功能是濾掉香菸中一部分的焦油的。我們可以提出：「ＰＯ：可以增加些什麼，而非減少。」我們可以加些什麼呢？可以藉由極小氣孔來增加空氣。這樣在抽菸時，空氣就能稀釋焦油，進而減緩有害顆粒沉積在肺中的速度（這與濃度有關，因為焦油是一種氣溶膠）。

扭曲

這是改變事物順序或者關係的方法。通常你會先拿起電話、撥號然後說話。但我們可以提出：「PO：在撥號前說話。」由此發展出兩種想法。第一種是聲控撥號（這點已經實現了）；第二種在電話裡裝入簡式錄音機。如果要打電話投訴或者訂購商品，你就可以先練習要說的內容，然後再錄下來。等撥號之後，就能在適當的時機播放錄音。這樣就能正確地傳達訊息。

誇大

這是指誇大任何正向或負向特徵，但這個特徵必須是實際的特徵。例如，「PO：每通電話最多講兩分鐘。」這會讓我們聯想到一種壓縮技術，讓你可以用正常速度說話，但傳輸的資訊會經過壓縮，這樣就能縮短占線的時間。誇大必須不合常理，否則就沒什麼刺激效果了。

我們也可以提出：「PO：選民都有一百票。」我們可以聯想到，選票不僅可以在選舉時使用，選舉後也能用來投票支持或反對政府。如果反對票達到某種門檻，就要重新選舉。

異想天開

這種刺激是以「如果……不是很好嗎？」的方式陳述。類似的範例是前文提到的工廠污染河流問題。

我們可以這樣建立刺激：「PO：電話對話語氣都很和善。」我們因此想到在電話上安裝小綠燈。你可以在給電話號碼時，只給你的朋友額外一位數號碼。如果你的朋友來電時，綠燈才會閃——但其他人來電時就不會。刺激不能只是一個欲望。例如，「PO：火車永遠準點」就不夠刺激，但如果是「PO：等火車可以得到報酬」，這種刺激效果就不錯。

其他刺激方式

上述建立刺激的方法不夠全面，還有很多其他的方法。重要的是，刺激的效果必須夠強烈。它不能只是想法，也不能只是改善的渴望。

如果刺激運用得當，看似越不可能的刺激，效果可能反而更好。較差或薄弱的刺激毫無價值可言。也許使用起來可能比較簡單，但實則毫無幫助。

加拿大一家人壽保險公司負責人建立了以下的刺激：「PO：你在死之前已經死

了。」通常，大家會認為這句話完全不可能，也不合邏輯。不過，一個成效卓著的創意卻油然而生。

若被保人罹患嚴重的絕症，保險公司就預先支付死亡理賠金的百分之七十五，用於支付患者住院照護及其他費用，剩下的百分之二十五於被保人死亡後給付。這種計畫稱為「生前需求保險給付」，在北美相當普遍。它改變了一百二十三年來的保險概念。

這位負責人就是後來擔任美國保德信保險公司（Prudential Insurance）總裁的羅勃．巴巴羅（Rob BarBaro）。這則範例說明了，傳統產業也有可能激發出效果良好的新想法，開啟新的商機。羅勃原本沒必要設計新想法，因為並沒有實際的問題要解決，但是他的創造力驅使他萌生新概念，也發掘出新商機。

移動

刺激是促進移動的基本方法。這句話不表示沒有其他方法。我在其他著作有更詳盡的介紹，比如《打開狄波諾的思考工具箱》（*Serious Creativity*）。

汲取概念：現在運作的是什麼概念？能否加以汲取，應用到需要創意的其他領域？這樣一來，你就能忽略其他刺激，專注在你「汲取」出的想法。

鎖定差異：刺激和一般想法的差異為何？能否說明清楚，同時根據這些差異，執行這套流程？就算這個刺激似乎類似現有情境，我們還能特意努力探索其中的差別嗎？

積極層面：刺激是否具有直接的積極意義？能立即呈現什麼價值？能應用在需要創意的領域嗎？換句話說，當刺激引發出一種價值時，我們可以考慮如何以更實際的方式加以實現。

時刻觀察：就算有些天馬行空，還是可以想像已付諸實行的刺激。我們時刻密切觀察，就像一幀又一幀地觀賞DVD影片那樣，徹底瞭解其中的奧祕。我們看到了什麼？我們能藉此發展出一些新想法。我們就是這樣透過「PO：飛機腹部朝上著陸」得到那則有趣的概念。

特殊情境：是否存在刺激本身就具有直接價值的一些特殊情境？如果地面呈波浪狀，方輪也許就有價值。又或者，如果玻璃杯有特殊杯架，那「PO：玻璃杯底部應該是圓的」就有價值了。這樣一來，大家都得使用特殊杯架，擦得光亮無比的傢俱就不會留下白色的圓形杯痕了。

所以，移動這種基本運作方式，能用在任何創造力過程。

隨機進入和移動

再以前例來說明：你出門時總是走習慣的路線進市區。某天車子在市郊拋錨，你必須走路回家。於是你四處詢問回家的最佳路線，結果最後走了平時出門絕不會選擇的路線回家。

在思考模式化系統中，如果你從週邊往中心移動，你的路線不同於你從中心往週邊移動時選擇的路，這一點也不稀奇。

在使用這種隨機進入工具時，絕不能選擇起點，因為你的選擇全都與當前的思考有關。你要隨機決定一個起點。最簡單的方式就是隨機字彙（名詞最合適）——隨機字彙工具和練習請見第一章。你要從這個起點回頭走，發展出新想法。正是這個技巧讓一間南非工廠產生兩萬一千個新想法。

在一檔荷蘭的電視節目中，有人請我用這個方法想出關於沙發的新點子。為了使用隨機字彙工具，主持人打開一本雜誌，上面有張女王的照片，所以我把「女王」（queen）定為隨機字彙。我立即想到「大號沙發床」（queen-size bed），並衍生出一則創意：在一張大型沙發兩側安裝導軌，讓沙發的靠背可以沿導軌滑動。靠背滑到後端位置時，沙發就變成一張床；如果靠背往前移，就能舒適地躺著看電視；如果靠背再往前移，就能坐著吃黃瓜三明治。一項全新的沙發設計就完成了，整個過程從隨機起點開始只花了十秒。

總結：水平思考的正規工具

因此，創造力（思考創造力）向來是一個謎團，大家卻仍未開發出產生創意的正規實用工具的原因，是哲學的文字遊戲無法理解自我組織資訊系統（如人腦）的不對稱模式行為。每次我和數學家或物理學家聊天時，他們都完全能理解這個過程。

新創意是所有文化的重要思考元素。我們需要運用創意解決問題、設計、發明和簡化事物。我們需要運用創意消弭衝突及設計前方的道路。一味仰賴新想法憑空出現既無成效，也絕非明智之舉。

為了達到這些目的，我們需要工具和架構作為思考之鑰。雖然我提供了這些思考工具（它們都經過千錘百鍊），但仍需大家使用的意願才能成事。

第三章

要設計，不要判斷

你可以分析過去，卻必須設計未來。

我們智識文化與教育只強調判斷和分析，幾乎完全忽略設計。箇中原因就在於，希臘三賢（即蘇格拉底、柏拉圖和亞里斯多德）的思考模式完全以判斷為基礎。此外，文藝復興時期的教會需要的也是判斷，設計對他們來說毫無用處。

如果你想成為建築師、平面設計師或服裝設計師，你可能會接受設計相關教育——其他人則不然。不過，設計是每個人思考活動的基礎。

設計就是組合我們擁有的元素，藉以表達我們想要的價值。判斷則是追求真理，並以過去為基礎制定決策。設計則是追求價值，並針對未來加以設計。

本書絕無意攻擊或貶低判斷的重要性。這麼做太荒謬。我堅持的，是將更多的設計引進思考活動和教育之中。

判斷關注的是「現狀」，而設計關注的則是「未來的可能性」。

判斷和認知

有位醫生在診所裡替出疹子的孩子看診。醫生思索各種可能性：食物過敏、曬傷、痲疹或猩紅熱。接著，他向孩子的母親詢問孩子的病史，並對孩子進行檢查，可能還會做一些其他的檢驗。

最後孩子被診斷出得了痲疹。一旦做出診斷，醫生就能向母親解釋孩子病情的發展。醫生瞭解這種疾病所有可能會出現的發展和併發症。最重要的是，醫生知道標準療程。

這就是百分之百的教育和百分之九十五的日常思考的模型。

分析情境、辨識標準要素、套用標準答案。教育和訓練關注的就是找出標準元素和了解標準答案。

透過判斷，你會產生一種想法，接著加以判斷，然後接受或拒絕這種想法。我們的生活通常少不了判斷，它也非常有用。認知判斷讓我們得以迅速運用自己及他人過往的經驗，而評估判斷則能預防我們犯錯。沒有判斷，我們難以生存。因此，無怪乎大家只強調真理和判斷。

這種模式有什麼不好？沒有。相反地，這個模式既實用又有效。只是，它還不夠好。對於想法，你不該只接受或拒絕，而是要加以分析，「衡量你能移動到哪裡」。如此一來，這些想法便能發揮嶄新的用途。因此，我們要更強調設計——每個人都要。

狗用健身器

我曾在一本教育雜誌中為四到十六歲的孩子提供各種設計練習題。我會設定一項任務，要求他們畫圖說明達成這項任務的方式。

畫圖要比寫字更有表現力。許多孩子能畫出複雜的回饋系統，卻難以用文字清楚描述。透過畫圖，你能立即明瞭整個流程，甚至可以指著某個點，問：「為什麼會這樣？」

有一道練習題是要設計狗用健身器。

許多設計都很巧妙。大多都是一端掛著骨頭的跑步機。狗必須在跑步機上跑步，才能咬到骨頭。

有位五歲的孩子想出奇特的點子。他的小狗拖著一輛小推車，車裡放了一顆汽車電池，電池裡伸出一根通電的叉子。狗如果停下來，就會被小推車撞到，這根通電的叉子就會讓狗繼續跑步。

其他人幾乎都努力讓狗動起來，這個孩子卻是不讓狗停下來。這些設計最後收錄在《狗狗健身器》（*The Dog Exercising Machine*）一書，以及另一本名為《讓孩子解決問題》（*Children Solve Problems*）的合集中。可以看出，孩子不會墨守成規——他們解決問題時更具創造力。畫圖幫助很大。

執行力

不幸的是，孩子的創造力無法持久。

學校不僅應該教孩子讀寫和運算，也應該教他們發展執行力，即執行或完成任務的能力。在現實世界中，當學生離開學校，這些能力幾乎和讀寫及運算一樣重要了。

我擔任「青年企業」（Young Enterprise）組織主席已經好幾年了。這間組織集結來自歐洲、俄羅斯及其他國家等成千上萬的青年才俊，他們都創立了自己的迷你企業。他們提出商業概念，進行市場規劃並制定銷售策略，最終學會了經營企業所需的相關技能。其中有些人很有創造力，有些人相當成功。這是相當棒的概念。

中世紀初期的傳統觀念導致教育界一向看不起工商界，覺得他們認為貪財好利、太商業化，不在意生命高尚的層面。在那段時期，上流階級對商業不感興趣，因為他們靠奴隸和佃農就能獲得金錢和勞工。但在現今的社會裡，這種態度荒誕至極。

如今的英國，社會新鮮人知道亨利八世（Henry VIII）好幾任妻子的名字，連烏德勒支條約（Treaty of Utrecht）在哪一天簽訂也知道，卻不懂該怎麼經營街角的小商店，也不知道商界運作法則。

設計和執行力

成功的企業都有賴於某人的腦中具備設計的概念。通常「設計」一詞都含有視覺設計和平面設計的元素，有時設計也被視為某種裝飾用的奢侈品。我們亟需擴大「設計」一詞的意義，以涵蓋我們為達成某種效果，將事物組合起來的所有情境。當標準流程不敷使用時，就需要進行「設計」。

執行力的重點在行動，以及行動所需的思考技能，而非描述所需的思考技能。設計是執行力的元素。它和行動一樣，一定有其目的。無論是藉由行動或設計，我們都是為了達成某項目標。所以說，設計是行動的基礎。

設計和衝突

在衝突中，我們拼命想找出「壞人」，想譴責他們的惡行或違法行為。想當然，我們也會努力懲罰他們，例如制裁、鬥爭和戰爭等。

設計則採用不同的方式。它會考量當事人的恐懼、需求和貪欲——而且是雙方當事人。

發生衝突時，雙方領導人的價值和重要性往往都來自衝突的持續。他們對解決衝突興趣缺缺，免得喪失其重要性。如果這些領導人能得到不仰賴衝突的永久重要地位，衝突就能結束。

多年前，我曾就北愛爾蘭衝突提出建議。伊恩・裴斯萊（Ian Paisley）現在成為了首席部長，而馬丁・麥金尼斯（Martin McGuinness）是他的副手，所以現在衝突已然落幕。

我為以巴衝突設計的解決之道，是讓雙方在彼此的選舉中投票。這種選舉不必非是全面投票，半數投票也可以。這樣就很有可能選出具建設性的政治人物，大大降低強硬派的勝選機會。在建設性政治人物的帶領下，雙方就會有更美好的遠景。

這種設計有其目的，就是實現特定的目標。

設計導向的法庭

傳統法庭的核心要素就是判斷，要判斷被告有罪與否、某方是否戕害另一方等。但是他們並沒有為未來找到解決辦法，所以我曾提議歐盟首席律師，有必要建立設計導向的法庭。

法庭常常需要審理雙方的爭端，而這類爭端往往可以透過設計來解決。訴訟外紛爭解決機制（Alternative Dispute Resolution, ADR）便採取這種方法，有時家事法庭也會。澳洲勞倫斯・史崔特爵士（Sir Lawrence Street）對我的研究很感興趣，他成功地運用設計流程解決大家的糾紛。

任何人都能設立設計導向的法庭。它不需要官方、政府或法律的認可，只需要當事人同意參加這個設計流程。他們甚至不必同意接受該法庭最終結果的約束（這不是仲裁）。在法庭上，精通創造力設計的人員將協助他們制定解決之道。

第四章
知識與資訊

下面哪個更重要：一份鉅細靡遺的路線圖？還是開車技術？教育的核心是傳遞知識和資訊，因為他們必須填滿漫長的教學時間，不然要怎麼打發「安親」的時數？

我無意貶低資訊的重要性。缺乏資訊的思考不過是在自嗨，和哲學家沒什麼兩樣。我想評論的是資訊充足又完整的這個觀念。不過，正如我在本書提過的其他觀點，擁有資訊很好——但這樣還不夠。

中國

兩千年前，中國在科技界遙遙領先。他們發明了火藥、印刷術、造紙術和指南針。按照這樣的發展速度，今天中國在技術、科學和經濟等各層面都會是世界強國。

那問題出在哪裡？為什麼中國的發展停滯了？

知識份子是中國文化的重要元素。這些人居核心地位。有一派理論認為知識份子能夠由一個事實推導出下一個事實，這導致他們永遠無法開發出「可能性系統」，無法提出推測、假設和可能性。沒有可能性，也不會有進步。

中國政府目前在五個省分試推我的思考教學方法。如果成效卓著，這套系統有望推廣到數百萬間學校。

電腦

憑著高超的資訊處理能力，電腦的發展日新月異，反而使問題雪上加霜。如果連幼童都有電腦，會發生什麼事？他們會養成想知道答案就上網找的習慣，而不再思考。雖然能夠用電腦找資訊是好事，但能夠思考也一樣重要。

網際網路的發展讓大家得以共同參與議題思考，形成一顆具有集體智慧的大腦。遺憾的是，一千個不會思考的人，也擠不出什麼高明的點子。我很明白：我試過。這種方法能用來瞭解大家的想法，本身卻無法催生出卓越的點子。

那讓電腦自己思考呢？我不排除這樣的可能性。電腦已經能做一些優異的思考，比如分析問題、汲取模式及做出判斷。據說電腦做出的診斷比百分之九十的醫生都好——只要把適當的資訊輸入電腦就行了。

因此，電腦本身並非問題的關鍵。問題的關鍵在於感知。本書後文將深入探討。如果電腦必須仰賴我們的感知架構才能運作，那麼電腦的表現不會比我們好。如果我們設計具備自主感知的電腦，讓它無須以我們的架構作指導，這種電腦才真的會思考。這將是好事一件！

企業

如今部分大型企業正在重蹈中國的覆轍。卓越的電腦性能使得大型企業能把所有必要資料輸入電腦，以利其進行分析，做為企業制定各種決策的基礎。

這是相當危險的舉動。除非你是想從不同的角度審視資料，否則你會囿於舊有觀念，我看到許多大型企業都犯下這種錯誤。

替代方案和可能性

我們的教育體系與中國類似，傳統的邏輯習慣不太重視可能性——原因顯而易見。可能性是重要的思考元素，但大家卻只將其視為獲得真理的手段。我曾在一些舉世聞名的大學裡工作過，例如牛津、劍橋、倫敦和哈佛大學，但這些學府都沒花太多時間探討可能性與推測。科學的確粗淺體認「假設」的重要性——僅此而已。

可能性和科學

可能性和創造力有著緊密的關聯，因為誘發可能性的正是創造力。每次科學有所進展，幾乎都是源自極具創造力的可能性或假設。有時，某人會發現一項可能的替代方案，進而造就科學領域的突破。

消化性潰瘍（胃潰瘍或十二指腸潰瘍）是一種相當嚴重又普遍的疾病。過去這類的患者至少需要服用二十年的制酸劑（以抵抗胃酸），還得避免飲酒和辛辣的食物。生活過得十分悲慘。

一九八〇年代初某一天，一位澳洲西部的年輕醫生貝利．馬歇爾（Barry J.

Marshall）和同僚魯賓．華倫（Robin Warren）想到了一種可能性：消化性潰瘍其實源自細菌感染，而非永久性的病徵。如果是細菌感染就有治癒的可能。眾人聽了都哈哈大笑：細菌哪有辦法在胃的強酸環境裡生存？為了證明他的觀點，馬歇爾培養了他懷疑的病菌，並吃了下去，結果他便得了潰瘍。證明他的觀點無誤。

現在我們不必花二十多年服用制酸劑，只要服用一週的抗生素就能痊癒。馬歇爾和華倫榮獲二〇〇五年諾貝爾生理學或醫學獎——他們當之無愧！

我曾受邀到亞利桑那沙漠，在那裡看到幾株高大的柱狀仙人掌。我問，為什麼這些仙人掌都有刺？這個問題當然很蠢。誰都知道仙人掌長刺，是要防止被動物吃掉。我觀察到，世界上許多地方既有植物，也有會吃掉它們的動物——為什麼那些植物沒有刺？

我提出一種可能性：仙人掌上的小刺和動物無關，而是要維持植物周邊空氣層的穩定度，這樣就能減少植物水分的蒸發和蒸散量。我偶然間把這個想法告訴某人，他告訴我，以色列政府正巧在研究這一點——他們在研究如何種植帶刺植物，確保它們能在沙漠中生存。

因為行動必須以真理及確定性作前提，因此我們嚴重低估可能性有多重要。科學的重大進展大多建立在可能性之上。

研究顯示大量吸食大麻會提高罹患思覺失調症的機率。這可能是事實，但若從其他角度來看，也有可能是具有思覺失調症傾向的人較喜歡大麻，且患病傾向越明顯的人，吸食的大麻越多。

我說過，我不認為哈佛大學的個案教學法很高明。有些人指出，很多傑出人才都是哈佛商學院畢業的。我認為如果擠進這道拱門的大多是傑出的人才，那很多走出那道拱門的自然也會很傑出。這道拱門的貢獻不大。只有優秀的人進得了哈佛，走出哈佛時，鐵定一樣優秀。我們的確需要採用不同的全新方式處理各種資訊和資料。

可能性和創造力

正如我們看到的，水平思考的一項正規工具就是「挑戰」。即使我們確信已經獲得唯一的正確答案，還是需要運用挑戰發掘各種可能性。

在傳統思維中，要是得到顯而易見又令人滿意的答案，我們就會堅持這個答案，完全不去探索其他可能性。我們只是把可能性當作得到真理的途徑。要是我們相信已經找到真理，就不需要可能性了。創造力的一項重要作用，就是運用各種方式分析資料。否則，我們會囿於以往資料所支持的舊思維。單純分析資料無法產生新想法。如果你想得到嶄新的想法，就該在頭腦裡運用創造力進行思考，將激發出的想法和現有資料進行對照。

儘管前文提過，但這點很重要，我必須重申一遍：一旦找到「正確答案」和「真理」，我們就會停止思考，那何必繼續思考呢？

這麼做的後果，就是徹底阻礙許多卓越的想法繼續發展，不去思考這些問題。心理學界（特別是美國心理學界）有個危險的習慣——把所有的思考全部稱為「解決問題」。因此，如果沒有察覺到問題，就不必思考。

我敢說，這是人類進步的最大障礙。

宗教——真理抑或異端

宗教需要的是確定性及真理。你不太可能為了某種可能性而殉道。伽利略會惹禍上身，正是因為他堅持的「可能性」挑戰了教會的確定性。

教會需要以希臘三賢的邏輯和確定性證明異教徒的錯誤。所以，教會絕不可能把異端視為某種可能性。

雖然邏輯、真理和確定性（以及假設的可能性）在科學界極具影響力，但對其他領域帶來限制和危險。不同的人堅持的真理也不同。

可能性是感知的核心。你是以這種方法分析情境——還是那一種？你需要時時刻刻考慮各種可能性。

如果我們確實需要真理，那何必考慮各種可能性？原因有很多：

- 在追尋真理的過程中，強烈需要可能性作為假設或架構。
- 太容易被接受的真理，會遭受各種全新可能性的挑戰（如上所述）。
- 有時，面臨多種可能性時，會無法判定什麼是真理。在感知的領域，常發生這種問題。

在蘇格拉底之前的古希臘哲學家，對「可能性」有較多深入的探討，還發明了假設。但出於明顯的考量，教會偏好希臘三賢的邏輯和真理。

極富創造力的可能性

有種考試型態稱為「選擇題」。考生先會看到一道題目，然後是一連串可能的答案，再從中選出答案。

從評分的角度而言，這套系統的優點很明顯。考生是否選到正確答案？還可以用電腦改考卷，比針對一篇論文進行主觀評斷公平多了。

然而研究顯示，富有創造力的學生在這套系統的得分較低。創造力較低的學生會選「C」，看不到其他答案的可能性；而創造力較高的學生則注意到，在某種情境下可以選「D」。於是，他可能會選「D」，甚至會花更多時間衡量各種可能的答案。如此一來，這些學生的分數就會比創造力較低的學生差。

智商測驗也會出現一樣的情況。起初，智商測驗的目的是拿小孩子與家境良好的兒童做比較。所以，「正確」答案是以其他孩子給出的答案為準。因此，如果有個孩子與眾不同，看到不同的可能性，他的得分就會比較低。

選擇某個字彙可能會符合大眾的期望，但創造力較高的人能看到其他字彙的可能性。在法庭上，富有創造力的律師能夠針對證據做出其他可能的解釋。這就會產生「合理的懷疑」。當刑事案件出現這種情況，法庭就得宣判被告無罪。

可能性是創造力的核心。我們需要知道如何務實地處理各種可能性。沒有可能性，就不可能有創造力。

網球錦標賽

有一項網球單打淘汰錦標賽，兩位參賽選手要進行對戰，獲勝者再和另一場比賽的優勝者對決——直到最終產生冠軍為止。總共會有一場總決賽、兩場準決賽及四場半準決賽，依此類推。這項比賽有七十二名參賽選手，那要幾場比賽，才能產生最終冠軍？

我偶爾會在我的研討會中提出這個問題。用傳統解法算出答案並不難，但如果我只給觀眾十秒鐘的時間算出答案，觀眾通常就相當煩惱了。

針對這個問題，我們通常會想找出優勝者。但透過水平思考，就會發現另一種可能性。別管怎麼產生優勝者；我們先找出失敗者吧。七十二名選手會產生七十一名失敗者，一場比賽會出現一名失敗者，所以我們需要七十一場比賽。算出這個答案只要五秒鐘。

另一項任務就是從1加到10，這並不難算，你應該能算出答案是55。現在從1加到100，這也不難，但要花點時間，而且還可能算錯。

我們換個方式。想像一下，把1到100的數字按照下面這樣寫成一行：

1 2 3……98 99 100

然後像下面這樣，把1到100的數字在剛才那行下面再寫一遍，但順序相反：

1 2 3 ……98 99 100

100 99 98……3 2 1

每組數字相加的和都是101。因為從左向右計算，上面的數字以1遞增，下面的數字以1遞減。因此，每組數字相加的和都是101。所以最後的結果就是100×101＝10100。

當然，這個數字是正確答案的兩倍，因為我們把1到100加了兩遍，所以要把和除以2，答案就是50×101，即5050。

你也可以把這些數字彼此「折疊」如下：

1 2 3 ……48 49 50

100 99 98……53 52 51

用這種算法，每組數字的和也是101，答案就是50×101，即5050。

這種算法快速又不易算錯。簡單來說，用這種方式算出正確答案更好也更快。

可能性的危險

請謹慎看待可能性：某些資訊和可能性相結合，可能會迅速形成某種必然性。想想「吸血鬼」的事件就知道了。

有位名叫伊莉莎白・巴特羅（Elizabeth Bartolo）的女性，聽說用處女之血沐浴就能得到永生，於是她命僕人尋找處女並將她們的血放光，再把血液已經流乾的屍體丟在附近。這種情形的可能性是什麼？

有一種血液疾病叫紫質症（porphyria），它造成幾種症狀。其中一種，就是如果接觸到陽光，會引發嚴重的皮疹。所以，這些人必須待在屋內，只能在晚間出門，導致他們的皮膚異常蒼白。紫質症的另一種症狀就是牙齦出血。所以，臉色蒼白、牙齦又出血的人，只會在晚上或者夜間出現。

然後，附近又出現無血死屍。結果就是大家相信有吸血鬼存在。

據說吸血鬼對大蒜過敏。碰巧，我認識的兩名紫質症患者也對大蒜過敏。某個可能性就越來越明確了。

如果可能性與精采的故事相結合，會迅速變成事實，讓人深信不疑。因此，對可能性確實該抱持警覺性。同時，我們也要接受可能性在思考中極具重要性。

我花了大約二十年，才知道用餐時該怎麼繫餐巾，免得弄髒領帶。我試用過各種夾子和別針，但總會把它們留在桌上忘了帶走。最後的辦法卻出奇簡單。如果我記得在本書後文說明這個方法，大家就不必像我一樣等二十年，你們可以馬上使用。這就是知識的力量。所以，知識是不可或缺的——但可能性也一樣。

辯論

要是掌握了邏輯，就會發現證明某人的錯誤比證明觀點正確更有趣。還不了解邏輯的人不會欣賞你對觀點的證明，卻會欣賞你的攻擊。此外，當你試圖教導別人邏輯思考時，大部分的時間都會是在指出他們的錯誤。

因此，希臘三賢發明、改善及散播了辯論這個方法。尤其是蘇格拉底，他對辯證或辯論特別感興趣。

辯論已成核心的方法。令人驚訝的是，兩千四百年來，我們相當滿意這個方法。我們把它應用在各種領域——應用在議會和政府，應用在法庭上，應用在商業談判上，應用在家庭糾紛和討論上。這個方法的確成效良好。不論過去或現在，我們都相當需要一種方法，能夠說明某些觀點和立場是錯的。沒有辯論，社會將會大亂。

儘管在探索創意上，辯論是非常粗糙、原始且效率又低的方法，但若想摧毀一種立場、說法或假設，它的成效卻相當出色。當我們想在兩種立場之間做出決定時，辯論會很管用。

不過，若要探討某個主題，辯論就毫無用處。它會帶來負面影響，因為它無法產生正面效益。辯論是尋找真理的理想途徑，卻對探究毫無助益。探究代表探索及發現關於主題的新層面，但辯論只能關注「已知」的層面。你可以爭論該走地圖上的哪條路，但辯論卻無法創造那張地圖。

遺憾的是，我們卻使用辯論來探究主題，因為我們別無他法。

辯論的缺點

以下是採用辯論探究主題的缺點：

- 辯論造成破壞，相當負面，著重在攻擊上。
- 辯論不具設計元素，並非以規劃前進路線為目的，結果不是贏就是輸。

- 如果對方的立場有百分之五是錯的，辯論會把時間全花在攻擊這百分之五。
- 難以攻擊的薄弱觀點，勝過強而有力但易受攻擊的觀點。
- 大家都面臨強大的誘惑，想藉由證明對方錯誤（即使是芝麻小事）來彰顯自己的優越感。
- 太玻璃心。
- 辯論高手可能會贏過論點較佳但不擅辯論的人。
- 辯論中缺乏形成新看法的能量或技巧。

持平地說，辯論的宗旨並非探究主題。

辯論的替代方案

有沒有方法能取代辯論來探究主題？我們終於等到了（兩千四百年來破天荒），下一節會介紹其中一例。

為什麼經歷漫長的歲月，我們才想出這種簡單有力的方法？因為我們的智力培養和教育受到中世紀教會的箝制，辯論正是他們需要用以證明異端錯誤的工具。

平行思考

想像一棟外觀華麗的正方形建築。有四個人，各自面對這棟建築的一面。他們彼此用手機或對講機通話，大家都堅持自己面對的是這棟建築最美的那一面。

平行思考能讓他們改變爭論的方式。四個人一起朝建築物的南面移動，接著走到西面、北面，最後是東面。這樣大家就能同時觀察建築物的同一面。

這不再是一場辯論，A不必把B當成對手攻擊。我們有一套系統，他們從相同的角度進行觀察和思考——但這個角度隨著他們移動而改變，這就是平行思考。

我們在生活中隨時都需要一個符號來引導思考方向，確保大家的思考方向相同。

一匹斑馬在吃草時聽到草叢傳出沙沙聲。牠的大腦會釋出一種化學物質，讓腦中與危險相關的迴路變得敏感。只要獅子出現，斑馬就準備逃跑。但獅子大腦卻正好相反。獅子一看見斑馬，牠的化學物質會提醒大腦採取積極的行動。

根據這些理由，我們必須區分各種思考模式，因為如果試圖同時開啟所有模式，一定會引發混亂，最終陷入負面的模式。

六頂思考帽的目的，就是要區分各種思考模式，確保大家隨時都以相同的模式進行平行思考。我們使用「思考帽」作為這個概念的符號。

六頂思考帽

我在一九八四年設計出這套方法。現在它受到廣泛採用，包括四歲的學童和全球頂尖大型企業的高階主管。

- 芬蘭艾波比公司（ABB）曾花三十天討論跨國專案。使用六頂思考帽之後，兩天就完成了。
- 西門子（Siemens）告訴我，六頂思考帽讓他們的產品開發時間縮短大約一半。
- IBM公司的人告訴我，他們頂尖實驗室的開會時間減少到原來的四分之一。
- 摩根大通（J.P. Morgan）歐洲分公司的開會時間減少到十分之一。
- 斯里蘭卡遭受「節禮日海嘯」（Boxing Day Tsunami）襲擊時，各個援助機構似乎無法制定出行動方案。斯里蘭卡政府邀請我的講師彼得．洛（Peter Low）從新加坡過去。兩天內就對一套行動計畫達成共識。現在斯里蘭卡政府堅持讓所有援助機構的人員學習六頂思考帽方法。

- 美國的格蘭特．陶德（Grant Todd）針對陪審團在討論時使用六頂思考帽方法進行研究。藉由六頂思考帽，陪審團得以迅速達成一致的決定，法官大感意外。某些州的法官也推薦陪審團學習這套系統，這可能是陪審制度一千多年來的第一次變革。
- 加拿大多元顧問公司（MDC）詳細核算成本之後，發現採用六頂思考帽方法的第一年，就讓該公司節省了兩千萬美元。
- 挪威國家石油公司（Statoil）的鑽油平台發生問題。修好之前，每天耗費他們十萬美元。他們苦思良久依然無果。後來，我的講師詹斯．阿勒普（Jens Arup）向他們介紹六頂思考帽。他們在十二分鐘內就解決了這個問題，還省下一千萬美元。

各種帽子

使用帽子時沒有固定順序，可以按自己的需要決定順序。在訓練時，我們會建議較實用的順序。

藍帽子：這頂帽子扮演類似樂團指揮的角色，負責組織和控制。它適合在開始討論時使用，以便決定焦點和各種帽子的使用順序。開會時，主席或主持人會以受過訓練的方式象徵性地戴上藍帽子。若有人偏離當前的模式，他們會提醒大家目前使用的是哪個顏色的帽子。藍帽子通常在會議結束前用來說明結果、做摘要和規劃下一步。它就像書架的兩端：一端是開始，一端是結束。

白帽子：想想白色、紙張和列印輸出。這頂帽子關注的焦點是資訊。我們擁有什麼資訊？缺少什麼資訊？需要什麼資訊——又該如何取得這些資訊？戴上白帽子時，便可以提問。如果有人提出相互矛盾的資訊，自然不會出現爭論。把兩種版本同時記下來，需要這項資訊時再來討論。

紅帽子：想想紅色、火焰和溫暖。紅帽子與感覺、情緒及直覺相關。戴上紅帽子時，所有與會者都可大方表達自己的感覺。在一般的討論中，必須把感覺偽裝成邏輯才能發表出來，在這裡不必加以辯白或解釋。這些感覺既然存在，當然就可以提出來。紅帽子的階段很短暫，只是用來發表這些感覺而已。

黑帽子：想想法官的黑袍。黑帽子的作用是批判性思考。這個想法錯在哪裡？缺點在哪裡？黑帽子著重不利因素、失敗的原因及風險和危機。開會時，所有負面評論都集中在黑帽子階段。黑帽子非常實用，可能是最有用的一頂帽子，不過仍須考量其適用條件。

黃帽子：想想陽光和樂觀、黎明和嶄新的一天。這頂帽子鎖定積極面。優點是什麼？有什麼價值？該怎麼做？教育的重點在於批判性思考，我們卻從未真正培養出「價值敏感度」。這是指從任何事物中，發現價值的能力——就連我們不喜歡、不會採用的事物，我們仍應誠實客觀地從中發現價值。缺乏價值敏感度，創造力可能也只是在浪費時間。我參加過一些會議，其中有人提出過好點子，卻沒人看出它們的價值。

綠帽子：綠帽子讓人聯想到植物、生長和枝葉。這頂帽子與創新直接相關。戴綠帽子時，與會者被期望要努力創新，否則就必須閉上嘴巴。誰都不喜歡閉上嘴巴，所以會力求創新。這就表示大家會苦思新想法，表示大家會找尋備用方案（包括平淡無奇或嶄新的方案），表示會催生各種可能性，表示要特意運用水平思考工具，修正和調整既有的想法。

這就是六頂思考帽。這六頂思考帽能讓大家運用平行思考，揚棄對抗的態度，以建設性的方式探索主題。平行思考的六頂思考帽方法迫使全體與會者充分使用思考能力，而非只採取對抗模式。我們希望反對現有觀點的人士，能夠誠實客觀地看到這些觀點的價值。

六頂思考帽的架構，乍看之下會讓討論複雜化，拖長討論的時間。實際上，使用六頂思考帽，會議時間將得以縮短到四分之一、甚至十分之一。我建議大家針對這項方法接受適當的訓練，多年來在各種文化、階層及領域的應用經驗，也證實這項方法收效良好。

炫耀你的卓越

辯論迷人的一點，在於能透過證明別人的錯誤來展現自己有多優越。但這是六頂思考帽的大忌。如果你想炫耀，只能在戴各頂帽子時拿出更卓越的表現。

戴白帽子時，你必須比別人想出更多的資訊或者更好的問題。戴黑帽子時，要考量更多危機和風險。戴黃帽子時，你必須說明更多的價值。戴綠帽時，你得提出更多想法和可能性。

你要炫耀你的卓越——不要攻擊。

雖然卓越——但還不夠

正如本書探討的其他許多概念，我想明確指出，只要挑對使用時機，辯論是一項很優秀的方法，但只有辯論尚嫌不足。我們需要用不同的方法或架構（工具），建設性地探究問題。

美國空軍發表團隊績效的相關研究。他們將依照心理特徵和測驗結果分類的團隊，與根據對六頂思考帽的顏色偏好分類的團隊相比較。結果，依照六頂思考帽分類的團隊在各項評分都優於其他團隊。這可能是源自於所謂的認知失調（堅持已經做出的選擇）。

總結：知識與資訊

某位諾貝爾經濟學獎得主去年告訴我，他一週前在華府參加了經濟學會議，會上使用六頂思考帽方法。同年稍後，某位紐西蘭的女士告訴我，她在巴布亞紐幾內亞（經常被認為是全球最原始的地方）教導六頂思考帽方法。他在一個月後回去時，他們告訴她，這改變了他們的生活。

這個方法極其簡單，卻非常有用。為什麼我們花了兩千四百年才發展出這個方法？就是因為我們對辯論的卓越性非常滿意！

第五章
語言

語言就像一本寫滿無知的百科全書。一種語言出現了某個詞彙後，其意思與用法就固定下來了。這個詞彙可能很早就已經進入這套語言裡，我們卻未察覺。然而，詞彙一旦存在，就會影響我們的感知，迫使我們必須以它的觀點解讀世界。

如果出現了新奇獨特的事物，我們可能會創造出新的詞彙（像是「電腦」），但想刻意改變既有詞彙的意思，卻是艱鉅的任務。

我在一九六七年出版的第一本書《水平思考法》（*The Use Of Lateral Thinking*，在美國的書名為*New Think*）中，提出「水平思考」這個術語。有三大因素激發了我對思考的興趣。我在牛津大學以羅德獎學金（Rhodes）學者的身分研究心理學時，對思考產生濃厚的興趣。進行醫學研究時，我大量運用電腦，因此對電腦無法執行的思考模式感到好奇，這就是創意及感知性思考。我在哈佛繼續研究醫學時，投入鑽研人體調節血壓及全面整合系統的複雜模式，這引發我對於自我組織系統的興趣。

這三項因素（思考、感知性思考及自我組織系統）交織在一起。我完成書稿後，把書名定為《另類思考》（*The Other Sort of Thinking*）。後來，接受記者採訪時，我說對於非線性、非序列及非邏輯的思考而言，「你需要水平移動，而非直線向前」。我理解這個詞的價值——這正是我在找的詞彙——於是我摒棄其他字眼，在書裡使用這個詞彙。

就更深入的層面而言，水平思考指的是「橫向」跨越思維模式，而不只是順著模式前進。「水平思考」這個詞彙現在成了熱門詞彙，甚至收入牛津英語詞典。

之所以有必要創造「水平思考」這個詞彙，有兩大原因：我需要用以形容創造力的概念，同時與藝術創造力區隔。這個詞也描繪了在自我組織資訊系統（人腦）的各個不對稱模式之間移動，從而指出創造力的基礎。在更全面的層次上，「水平思考」也暗示著，死命深挖同一個洞，也不會有新發現。我們可能必須改變感知、觀點及模式，而非只在現有感知、觀點和模式下做更多鑽研。

創造「PO」這個新詞彙有其絕對必要。它代表即將出現的刺激（provocation）。「汽車應該裝正方形車輪」或「飛機該倒飛著降落」這些話，除非將其視為一種挑釁（利用「移動」思考這種行動激盪出新奇想法），否則完全不合理。大腦這種自我組織系統會趨近到穩定的狀態或者局部平衡。然而，數學家都知道，想達到全面平衡，挑釁是不可或缺的要素。所以，語言裡絕對需要一種挑釁式的行動。這種模式尚未存在，所以一定要加以創造。

評斷與盒子

語言就是一套評斷系統。我們把感知到的事物裝進貼了標籤的盒子裡。我們看到認定或評斷是車子的東西，會立刻把它放進「車子」這個盒子裡。我們會開啟所有相關「模式」或檔案，取得所有我們對車子的相關知識。這些標籤或字彙是我們與知識庫的橋樑。也許運作過程中不必使用這些字彙，但效率會大打折扣。

「是」這個字代表明確的評斷——而非可能性。然而，沒有什麼實際的字能指出某些事物有可能存在。我們需要一個詞來表示某件事有可能存在，或者極有可能存在。雖然用一整句來表達也可以，就像現在這樣，也或者可以用「可能是」這個詞彙，但如果有個簡單的字，就能以更複雜縝密的方式看待這世界。

我們有「朋友」這個詞，也有「敵人」這種詞彙。有些人符合兩種標籤，但我們卻沒有中性的字眼，能形容非友非敵、但我們卻必須打交道的人。雖然有「泛泛之交」（acquaintance）這個詞，但你肯定不會把查稅員或修車師傅稱為「泛泛之交」吧？我們也絕對找不到什麼詞能形容半友半敵人（或不同比例）的人。許多人平常是朋友，但面臨困境或壓力，就可能成了敵人。

複雜情境

面對複雜情境時，語言的功能便更顯不足。這些情境通常需要一句話或一段敘述來說明。這種敘述也許勉強到位，我們卻無法完全感知那種情境——很難用單一詞彙說明這樣的情境。

想像一下下列談判情境：「除非你能把好處說明得更清楚，也願意放棄部分強硬要求，否則談判只會陷入僵局。你認為我能享有甚麼好處，我希望你能清楚說明。」

這樣的敘述也許能充分形容這種情境，卻顯得冗長，甚至有點尷尬。

我們確實有類似「超市」的字眼，能簡要地形容相當複雜的狀況。然而，卻沒有甚麼詞彙能說明雙方領導者都不願解決的衝突（因為怕馬上變成無用的棄子）。

我們絕對需要一種新語言，讓我們能感知、認識並溝通複雜的情境，藉以大幅提升行為和表現，不再被迫套入傳統語言提供的少數「盒子」中。

語言及感知

所以，雖然語言對思考極其重要，但也有弊端。語言將感知僵化成概念和字彙，這些字彙再反過來徹底決定我們對未來的觀點。我在前文提過，「敵人」這個字彙塑造了我們對於意見不合的人的看法。沒有字彙能形容一個善惡參半的人。語言的粗糙對我們的感知甚而思考，帶來負面的影響。

人類演進的過程少不了要進行某種「編碼」。為了克服這種語言問題，我發明了一套編碼系統，能立刻形容複雜的情境並在網路上分享。當然，這種編碼能打破語言藩籬，用來和不同語種的人溝通。

有些編碼是隨機的固定編碼。例如，我們可能會說，「這是五十三號的情境」，這樣就能完整傳達上述的含義。其他編碼可由九個關鍵概念組成的基礎矩陣建構出

來。（請參見 www.debono.com/Books/the-de-bono-code-book）

總結：語言

語言是極為珍貴的工具。沒有語言，人類的進步或許會嚴重受阻。然而，語言不如我們想像中完美無瑕或面面俱到，它仍需要我們主動深入開發。

上述的編碼系統實屬必要。這種系統也能讓我們進行跨國溝通。你能用英語找到這種編碼，但使用中文、俄語、德語、泰盧固語或其他語言的人士也能完全理解你的編碼——前提是該語言也有一個編碼的簡化版本。

第六章

民主制度

溫斯頓．邱吉爾（Winston Churchill）曾說道：「民主是最差的政體，只是過往其他體制都禁不起考驗。」即便民主未臻完美，卻優於所有其他政體——包括獨裁制、專制、絕對君主制等等。

其他政體與歷史政體

腓尼基人的政府體系獨樹一格。他們設有上層議院，成員囊括社會各界代表——從商人、農民、祭司到工人等等。這就是他們的行政核心。在該議院達成共識的議題就成為法律，但若該議院出現分歧，就交由第二個議院——公民大會決定。

威尼斯人擁有的政體看似複雜，實則成功運轉了千年。在這個政體中，人民會選出議員，再從這些人當中（隨機）選出一些人，組成第二議會。這種流程在不同階段反覆循環，直到政府完全形成。因此，這種體制蘊含了民主元素（投票制度），但也摻雜了機運，而且僅限富族。這種方法成功避免了派系爭鬥、結黨營私及貪腐。這幾項因素都曾摧毀中世紀許多共和國。

之後便出現君主或酋長結合議會的體制，這種議會有建議權卻沒有最終決定權。

民主的優點

民主是相當出色的制度，較能維持社會穩定，而非推動社會成長。這個體制最大的優點是民眾無法抱怨，因為他們做出了選擇。有時這倒像是要求死刑犯選擇該如何處決自己。這是他自己做出的選擇。

下次選舉也總有改變的可能。許多獨裁者掌權已逾四十年；政治人物必須小心翼翼，避免惹怒人民，免得下次落選。代表人民的媒體，隨時伺機針砭政府。民主制度能防止暴政、錯誤和過激的行為。民主政體的優點是能維持穩定。民眾知道自己做出了選擇，也有面對這點的心理準備（前提是他們認為這是一場公平選舉）。

民主的侷限

民主的宗旨在於預防暴政，而非推動進步。重點在於攻擊、批評及爭論，而非孕育新的可能性。有所作為容易受攻擊，所以多一事不如少一事（即使現有體制可能正在腐化也一樣），所以社會難有進展。

擔任在野黨的反對派，大大浪費了他們的才能和技巧。他們只能攻擊和採取消極態度。

民眾若嚴重撕裂成不同政黨，可能會引發緊張和暴力，二〇〇八年肯亞和巴基斯坦就是絕佳範例。族群彼此對立。大家都覺得如果其他族群掌權，對自己極為不利——但有時事實的確如此。

開放造成的阻礙

你驅車奔馳時遇到警察設置路障，無法繼續前進。

我們都有遭到路障或其他物品阻擋的經驗，但有沒有遭到開放阻擋的經驗？前方沒有路障，卻被擋住的經驗？

你沿著熟悉的開闊公路往前奔馳。前方的一片坦途，反而防止或阻礙了你選擇岔路的想法。

有些概念與處事方法表面上十分出色，實則讓我們產生盲點，不去尋求替代方案。民主這種政府體制就是最好的例子。民主制度比過去其他政府形態好得多，所以我們壓根沒想到可以運用創造力加以改善。

改變

民主制度並非無法改變，但任何變革都會遭受來自現行制度既得利益者和死忠派的劇烈反對。對此，我提出以下一些可能的建議。

有一種改變相當簡單：讓議會使用「六頂帽子」（Six Hats）思考法——每週至少一天。如果議長宣布現在是「黃帽子」時間，議員便提出正面評論；在「黑帽子」時間，就一如既往提出批評：在「綠帽子」時間，議員便趁機發表創意、建議和修正的想法；在一天快結束時，可能就是「紅帽子」時間，議員可大肆任意彼此謾罵。我與模里西斯總理討論過這個想法，他很喜歡它，願意找時間嘗試。

另一個建議是設立一些新席次，數量相當於議會席次的三分之一（這個數字純屬建議，具體比例可重新考量）。這些是虛設的席次，由民意調查結果來代表投票意向。若反對派提出一個構想，並得到七成民調的支持，那麼這些席次的七成便投票支持這個構想。如此一來，民眾若想持續參與，不必等到下次選舉。反對派也可以提出法案，不必只能擔任批評的角色。然而，在這種模式中，民意只是立法的其中一環，而非唯一考量。

另一種可能方案，是成立國家創意委員會（National Council for New Ideas），負責催生和收集創意，再透過民調、試點計劃、調查等管道進行測試。如果這些創意深受大家喜愛，政府可以選擇採用這些想法——但這沒有強制性。政府也可利用這個委員會驗證自己的想法（類似放風箏，公開某個構想後，透過民眾的反應來評估這個想法）。政府可藉此從成功的構想中獲益，若民眾反對這個構想，政府也不必為失敗的想法負責。我在塞爾維亞成立了這種委員會。目前在民主政府以這種方式驗證創意，難度還是很高。

建設性思考

在民主制度下，越具有電視或媒體魅力的人，當選的機率就越高。民主政治中，多數政治人物都是律師、記者和老師，因為建築師、工程師、企業高層、創業家和科學家不能冒險踏入政壇。他們一旦當選，就得放棄現有的工作。這些工作都屬於階級制，必須持續受到公眾關注才能有所發展。一旦離開就回不到原來的職位。因此，如果他們連任失敗，就拿不回原來的工作，犯不著冒這種險。

律師、記者和老師接受過的訓練，讓他們擅長說話和辯論；不過，他們更擅長批評，而非提出具有創造性和建設性的思考。這些人的數量超過具備創造性和建設性思考的人，為民主帶來嚴重的結構性問題。

我們亟需創造力來挑戰目前大家相當滿意的概念。這些概念也許會妨礙我們思考出更優異的構想。

也許我們可以想出某種方法，讓具有建設性思考的人士能參政又能兼顧目前的工作。也許立法院就不必無止盡地爭論下去，搞不好靠電子郵件就能搞定一切！

在科技日新月異的這個時代，我們不必畫地自限，沿用古希臘創造出的民主制度。選民甚至可以持續評估每個議員，讓議員在議會的投票反映出選民的評估結果。因此，如果議員得到五成的評價，他在議會的投票權就有一半。兩成的評價代表投票權只有五分之一。以技術而言，這在現今是可行的做法。

總結：民主

創造力不僅可以改變現有的概念和流程（例如民主），更可藉此運用科技變革來設計嶄新的事物。藉由Facebook、YouTube、eBay等，網際網路賦予部分人士設計新方案的機會。

因此，設計的創造力也有助於解決現有的問題與不便之處，更能降低產品價格或延長使用壽命。

此外，設計的創造力也能把熟悉的成分以全新模式加以結合——就像採用傳統食材做出創意料理一樣。

民主的宗旨是維持社會安定，防止暴政的戕害。它的目的不是推動社會進步。我們還需要更多的思考。

第七章
大學之道

我先前提過，我曾在多所大學（馬爾他、牛津、倫敦、劍橋、哈佛）接受大學、研究所教育並擔任教職。我也取得許多學位（理學士、醫學博士、文學碩士、哲學博士、設計博士、法學博士）。我苦讀拿到四個學位，其餘則是**榮譽學位**（honoris causa）。我相當尊重大學體制，但它們也適用本書的主題：雖然卓越——但還不夠。換句話說，大學在擅長的領域表現很出色，但尚嫌不足。囿於卓越絕對是種危險。

真理、知識和學術態度

我們很難批評執著真理是種錯誤。但這種執著會阻礙推測及可能性在心理層面的重要發展。當世界充斥著猜測與幻想，這種對真理的迷戀對社會頗有助益。然而，現今的世界不似以往充滿幻想，注重可能性因此更顯重要。

大學的宗旨是傳承歷代的智慧，讓現代的學生得以學習吸收。獎學金仍發揮相當有效的作用。然而，這樣還不夠。

大學時代，我在牛津大學讀心理學。我發現課程重點都是心理學史。很少關心目前的擔憂、推測、問題或實際議題。我們只需要知道誰在一八五〇年提出某個觀點，一九九二年又出現另一種理論，諸如此類。

我在哈佛時，對控制人體血壓很感興趣。我發現與麻省理工學院（MIT）的航空學教授討論問題獲益更大，因為他對系統行為很感興趣，但哈佛則是從學術的角度看待歷史事件和思維。

有一次我因手術而無法參加一場與思維相關的國際會議，於是我與一位好友——哈佛大學的大衛柏金斯教授以電話長談，再廣播給與會者聽。

我記得他不斷強調「理解」。

具備知識就會產生理解，進而可以展開行動。我當然同意這一點，但光靠理解還不夠。我們還需要可能性的架構才能取得進展。

我承認，不斷極力地關注真理，同時對創造力和可能性保持開放的態度，這並不容易，但這是必要的。

思維

大學重視真理，所以必須著重批判性思維。沒錯，這樣很卓越——但還不夠。創造性思維、設計性思維和感知性思維也應該包括在內才對。

真理能防止發生蠢事和骯髒事發生，但光憑真理卻無法造就改變，因此我們需要設計性思維。

我建議大學都該在預科學年開設兩門主科課程。一個是思維課，教授我的思維方式（創造力實踐）以及其他操作性方法，而非敘述性方法。

第二門是世界與社會情勢。不管是誰，如果對周遭世界一無所知，只專精一門科目，絕對難以成事。

設計

分析是很卓越的事，但還不夠。知識及分析也許能提供我們地圖，但我們必須規劃自己的旅程。想想：我們想往哪裡去？

設計的用意是將我們擁有的一切井然有序地加以組織，以提供我們想要的價值。設計強調現實世界。設計著重的是學校和大學以外的世界。該如何設計你的職涯？如何設計你的人生？如何設計停車場？如何設計一份政治宣言？

學生一開始就該做些簡單的設計練習。這些設計不一定非得與學科相關。這些練習的目的在於培養設計的思維技巧。主題可以包括規劃公車路線、度假別墅、銀髮族專屬運動、咖啡店、停車場或全新類型的考試。

設計能造就行動、實用性和價值。

你可以分析過去，但未來則必須仰賴規劃——否則就會受困其中。

六大價值牌

大學和所有教育機構完全忽視價值。它們假設大家都明瞭目前的價值，這項錯誤將引導它們的思維、行為和規劃。

能從每個想法汲取出「價值」是很重要的任務。這個想法有什麼價值？對誰有價值？

價值真的可能隱藏在許多負面因素中，但需要從中鑑別出這項價值。創造力最後必須展現價值。標新立異並非創造力。價值也許無形無體，但的確需要更積極地關注。

我在《六大價值牌》（*The Six Value Medals*）一書中研究了六大價值觀：

金牌：人類價值觀——對人類直接相關的積極價值觀和消極價值觀：讚美、成就感、羞愧感等等。

銀牌：組織價值觀——無論是公司或家庭等組織的價值觀，包括該組織的宗旨和使命。這些價值觀對其目的有什麼助益或阻礙？

鋼牌：這些是品質價值觀。關於你必行之事，你進行得如何？鋼具備一定的品質要求。

玻璃牌：玻璃是很單純的物質，但創造力能賦予它無窮的功用。因此，玻璃牌著重的是創新和創造力。哪些是嶄新的概念？

木牌：生態價值觀。這裡指的是最廣義的生態學，不僅僅是大自然，還包括任何行動對周遭世界的影響。

銅牌：銅看似黃金，實則截然不同。這種獎牌與感知價值相關。大家對某種事物有什麼感知？眾人也許對價值連城的寶物視如敝屣，卻把一文不值的廢物視為珍寶。我們可以對價值不高的事物懷抱期望，但需要注意它的感知價值。

這本書囊括了執行和展現「價值掃描」結果的方式，大家可藉此比較自己的主觀掃描，並鎖定差異點。

大學應該考慮教導價值觀。

鑑別這些價值出現的時機也是重點。這些價值能持續多久？

最後，「價值」可視為創造力的貨幣。無法帶來價值的創造力，就是毫無意義的練習。

辯證

大學相當重視辯證，把它視為通往真理的途徑。這種想法可以追溯到中世紀，當時言語辯證的主題是神學討論。

雖然辯證很有價值，但也確實需要理解相對的觀點，並尋求共同點。我們有必要設計一條前進之道，別一心想辯倒對方。對方的價值觀、感知和恐懼是什麼？

神學的建設性思維可能意味著妥協，但在其他領域，建設性思維是威力強大的前進方式。

測驗

我曾在劍橋大學參加過醫學期末考。約一成的考生考得十分糟糕，你不禁疑惑他們怎麼有辦法混到現在？當得了醫生嗎？百分之八十五的考生雖能過關，但並不出色，頂多能給出正確答案而已。只有約百分之五的考生迸出一絲創意的火花、甚或思維。也許這就是醫科的本質——能力就是一切。

考試適合測試學生是否了解必須的知識，更適合用來敦促學生學習。

我問學生從哪裡學到相關知識。他們表示，在病房診治病人讓他們很有動力，但所學不多，因為能接觸的病例種類很有限。他們說，聽講座是為了瞭解他們應該學習的知識「範疇」。他們表示，絕大部分必須了解的知識都來自書本。因此，也許大學只有推薦哪些書籍最適合閱讀的功能。

也許我們可以用隨機小考取代正式考試。電腦螢幕會要求某個學生回答簡單的問題，再把這些小考的成績加總成最後的分數。這樣可以透過另一種方式測試思維和知識。

遊戲

經年累月下來，出於合理因素，逐漸形成一種學術「遊戲」。你應該參加這場「遊戲」。有一次，某位知名科學家問我，為何我的書都沒有列出參考文獻。我回答他，書中的觀點都是我自己的，沒有參考他人的學術研究成果。他卻告訴我，不管我有沒有讀過參考資料，我都該「假造」一份參考文獻名單，好迎合大家的期望，這就是所謂的「學術遊戲」。

技能

我在前文提過，未來大學的主要功能可能是傳授技能。這些技能可能包括：

資訊技能：如何從各種來源取得所需資訊，包括數位來源、書本和大學教學人員。

思維技能：如何進行批判性、創造性、建設性及設計性模式思維。

交際技能：與人互動、管理團隊、洞察人性。

專業技能：與所選職業相關的技能。

摘要：大學之道

我曾受邀在曼谷舉行的世界大學校長高峰會（World University Presidents' Summit）上發言。我告訴觀眾，大學在數位時代已經過時。

大學成立的宗旨是將過去的知識和資訊傳承給現今的學生。在數位時代，不必念大學也有辦法取得所有想要的資訊。隨著「資訊供應者」這種新職業的發展，你只需與供應者簽約就能獲得你需要的資訊。如今，大學應著重培育思考技能、設計技能、交際技能等等。

大學擁有極佳的條件，能夠貢獻社會。只要它們下定決心就做得到。

第八章
學校

歐盟的學校把百分之二十五的時間用來教數學。但是在學校學到的數學，多數人日後只用到大約百分之三。我從未刻意使用過我在學校學到的幾何學、代數、三角學、微積分或積分。

那何必把比重這麼高時間來教這百分之九十七的高階數學？

因為學生可能選擇從事的職業，的確需要這種數學基礎。

如果想成為火箭科學家，建議你學習必要的數學知識。這種知識可以應用在許多專業選擇上，其他人就不必學這麼多數學了。

因為能訓練思考。

我不知道有沒有證據顯示，學比較多數學或擅長數學的人，他們的思維比學比較少數學的人更優異。或許它確實有些用處，但如果是為了訓練思考，可以採用許多更有效的方式。我的思維法在很多層面證實成效卓著，能使各科的表現提升三成到一倍、就業機會提高五倍、暴力行為減少九成。誰敢說數學有這麼好的效果？

因為需要一些數學知識，所以學越多數學一定越好。

這種傳統已然根深蒂固，代代相傳並受到大家的捍衛。

因為需要塞滿「當保母」的教學時間。

因為要找事情給孩子。數學和許多其他科目一樣，只是為了塞滿了他們的時間。

我當然不反對教數學，但若教育界宣稱沒時間教其他科目（例如思考），那麼他們可以減少教數學的時間。

還有另一個層面。數學不太行的學生，畢業時可能會覺得自己很笨，自尊心變得低落。這不但會影響他們未來的生活，也會影響他們對社會的貢獻。

思維

思維課程應該是教育的重點科目。無論是對個人生活、職涯或是對社會的貢獻，沒有什麼比思維更重要。

「學校已將思維教學融入歷史和科學等其他科目」，是很薄弱的論點。學校確實有教一些思維，但主要是是分析型思維。

我們迫切需要教導廣泛的操作思維技巧。教授**感知性思維**有其必要性——這很重要，我們會在後文詳細討論。我們必須教學生真正的**探索性思維**——不只是辯證。我們必須教授**價值性思維**，需要教授**行動性思維**，需要教授**創造性思維**。

澳洲的研究教師約翰．艾德華茲（John Edwards）把教科學的一部分時間改教思維。在科學測驗中，學過思維的學生，成績比上較多科學課的學生更好。他也證明了，教思維能讓達到頂尖數學水準的學生人數翻倍。

另一份印度的報告證明，教思維能大幅提高數學成績。

我們需要獨立開思維這門學科。可能不擅長其他科目的學生，會突然發現自己的思考能力一流，自尊心會因此倍增。

許多老師給了我很多回饋：「我以為蘇茜不太聰明，因為她成績不好。但她在思維課表現十分傑出，讓我和其他學生非常詫異。」我還收到中國的報導，說學生突然發現他們應該思考，而不是學習規定必須學習的內容。他們發現自己得到解放。

我關心建設性思維。在蘇聯和共產主義時代的保加利亞，這是大家對我的理論感興趣的原因。根據我的經驗，共產主義政權並不反對思維和創意。現今的中國也是如此，中國政府在五個省分試推我的理論。

在蘇聯時期，我偶然受邀到莫斯科第三十六中學授課。一開始學生很安靜，但漸漸地，他們明白可以擁有自己的想法，於是教室裡的發言越來越踴躍。

我在保加利亞聽到一位來自普羅夫迪夫（Plovdiv）（保加利亞第二大城）女生的故事。有人問她是否在日常生活有沒有將思維課程學以致用。她回答：「我在日常生活一直都有應用這些方法，甚至包括生活之外——也就是學校裡。」

光是這句話就能總結在學校教思維的必要性。

學校中的思維研究

亞特基組織的丹妮絲．因伍德（Denise Inwood）針對英國學校教授這些方法展開大量研究。澳洲墨爾本的狄波諾研究所（the de Bono Institute）的蘇珊・麥基（Susan Mackie）也與學校攜手進行了大量研究。都柏林狄波諾基金會（de Bono Foundation）的湯姆・法雷爾（Tom Farrell）也參與了研究。

種種證據相當明確。獨立開設思維課程能將其他科目的成績提升三成至一倍。

多年前，英國的學校理事會（Schools Council）進行了一些研究。他們聲稱教授這種思維並未提高創意生成的數量。

在這項研究中，一組學生學習我的ＰＭＩ技巧，另一組學生則被簡單告知要盡量想出多一點想法。兩組的結果沒有差異，因此得出了這項結論。

我認為這項研究相當糟糕。首先，ＰＭＩ根本不是創造力的技巧。它只要求學生考量一件事情的正面因素、負面因素和有趣點。它著重的是釐清感知，而非創造性思維。不能因為我設計了其他與創造力相關的技巧，就誤以為ＰＭＩ也是創造力技巧。

這項研究還顯示，只需提出想法的那組，想出的無關點子比ＰＭＩ那組多。因此，儘管兩組想法總數在伯仲之間，但其中一組有許多無關的想法。

我認為這項研究相當危險，許多教育工作者可能會受到打擊，不再嘗試教導我的方法。然而，沃特福德女子文法學校（Watford Grammar School for Girls）的海倫・海德（Helen Hyde）大量應用了這些方法，成果也相當理想。

在委內瑞拉，每所學校的學生都學習我的方法，這要歸功於路易士・阿爾貝托・馬查多（Luis Alberto Machado）。他原本是卡拉卡斯大學（University of Caracas）的哲學教授。他讀了我的書《思考的奧祕》，後來加入了執政的基督教民主黨（Copei Party）。他提議成立全新部門——智力開發部（Development of Intelligence），成了智力開發部部長。

後來他到倫敦找我，問我應該怎麼做。我告訴他，我有個在學校教感知性思維的計畫，也就是CoRT（Cognitive Research Trust，感知研究信託方案）課程。他邀我到委內瑞拉，我在那裡訓練了兩百五十名教師。他們累積了一些經驗之後，又訓練了超過十萬七千名教師。這項計畫最後納入教育部，成為所有學校的必修課。

所有國家都需要一位智力開發部長，避免教育方式欠佳而浪費國家人力資源。光靠教育部長進行必要改革不足以成事。

其他科目

許多學校已經在教電腦、網際網路及其他資訊科技的應用，然而以下其他科目也一樣重要。如果已經塞滿課程，又該如何擠出空間呢？

這些都是關鍵科目，所以相較之下，傳統科目的教學時數需要調整。我們討論過，可以減少數學的教學時數。歷史和地理等科目可以藉由網路下載的影片來教學。語言與思維可以加以整合，文學的教學時數可以更少一點。

行動能力

只會讀寫和算數是不夠的。只有大量的知識也不夠。年輕人一出社會就要「做事」和「把事做完」。行動能力（Operacy）講求的就是做事或行動的技巧。

我們可以讓年輕人規劃執行某些任務和專案。這種做法的附加效果就是完成任務時產生的成就感。這種成就感很重要，因為年輕人獲得成就的機會不多。行動能力可以是單打獨鬥的能力，也可以是團隊合作完成任務的能力。例如，青年企業計畫就要求兩者併用。

設計

設計雖然屬於思維的一部分，卻需要特別關注。你可以設定設計任務，不管在現實中執行或以圖畫展示都可以。年輕人可以畫圖說明如何加快蓋房子的速度、如何改善汽車、如何清洗大樓窗戶或如何設計超市等等。

結合各種元素以鍛造全新價值。它與分析和描述截然不同。設計不是畫出屋外種滿蜀葵的小屋。設計可以加以比較和討論，也可以評論其實用性和其他價值。

系統行為

世上有些地方的學校的確會教簡單的系統行為。年輕人可以善用這種非常實用的方式來了解事物的相互作用。對正回饋、負回饋和放大系統等會有基本的了解。我們不必探討相當複雜的問題，只需要大致了解事物的相互作用、加以結合以便鍛造出結果。靠學生自己研究是不夠的。

周遭的世界

這包括了解商店運作模式、工會運作模式、政府運作模式、聯合國應該有的運作模式、媒體運作模式。它包含對事物運作和相互影響的了解。你不一定要了解透徹，甚至可以讓年輕人邊玩遊戲邊理解。

總結：學校

改善教育任重道遠，但並非不可能，因為教育顧問和諮詢人員在舊傳統中成長，因此想要保留舊傳統。延續傳統就是教育體系的宗旨。

教育是局部平衡的典型範例。當中的所有元素都緊緊相連，好維持現狀。

同時，教育界需要考慮的新潮流和模式這麼多，它們抗拒變革的心態也可以理解。

即使有個別的學校想改變，它仍必須讓學生通過現行的考試，避免影響他們的職涯。也許新的考試制度是誘發改變的好方法——那麼加考思維能力怎麼樣？

第九章
媒體

研究報告顯示，百分之五十六的英國年輕人不信任新聞界。這似乎是一大警訊。如果是看慣新聞界手段多年的老人，也許在情理之中；但若年輕人也這麼不信任新聞界，著實令人擔憂。

對於這個數字，媒體會感到驚訝或憂心嗎？我不覺得。我不認為媒體會期望得到大家的信任。它們只在意產出一則精采的報導——就算有摻假的成分也沒關係，只要大家相信就夠了。

好的新聞媒體的確相當常出色，但糟糕的媒體也是爛到令人尷尬。有些記者十分聰明和誠實，但愚笨或不誠實的記者也不少。大家很難分辨。

我剛踏入職涯時，《週日泰晤士報》解析小組登了一篇關於我工作的優秀報導。瑪格麗特．普林格爾（Margaret Pringle）也寫過一篇很優秀的文章。然而，不久之前，另一家英國報紙登了一篇荒唐至極的文章。記者難道沒有想到，她不想聽到或提到的，正是讀者想了解的嗎？讀者不想知道在學校教思維讓學生每科成績提高三成到一倍嗎？讀者不想了解授思維使青少年犯罪率暴跌九成嗎？

她動手寫了「批評文」（knocking piece），明顯不想報導任何正面的成效。這則新聞重擊這份報紙的聲譽。我現在將嚴重懷疑那份報紙讀者的智商。

負面報導

這個事件讓我明白整個新聞界有多蠢，蠢到相信讀者只想看負面新聞。誠然，媒體有揭發醜聞、腐敗和惡行的職責，但不該認為讀者只對負面新聞感興趣。這個世界迫切需要更多正面的報導。

根本問題是，寫一篇正面報導遠比負面報導難得多。這需要更高的才能，但有些編輯和記者似乎正缺少這種才能。因此，最後刊出的總是負面報導。這樣很難鼓勵讀者培養出積極的態度或建設性思維。

澳洲存在所謂的「高罌粟效應」（tall poppy effect）。如果你穿過一片田野，發現有一顆高大的罌粟特別突出，拿棍子把罌粟花打下來的慾望便會油然而生。當然，這種態度源自英格蘭和社會階級牢不可破的時代。要是有人覺得你超越對方或試圖超越他們的階級，對方一定會大力打壓你。美國從沒有這種愚蠢的觀念。在美國，任何形式的成功（連犯罪也是）都會受到尊重。

媒體能做些什麼？

在電視、網際網路甚至社群網路的競爭下，報紙發行量持續探底。如果報紙想發揮社會作用，就需要針對媒體性質，開發出電視無法輕易提供的正面產品。

閱讀具備極為強大的力量。

研究顯示，女性吃巧克力、購物、談戀愛都能提高血液中的苯乙胺（phenylethylamine），產生愉悅感。

男性吃咖哩、賺錢和看《花花公子》（*Playboy*）雜誌都會增加大腦愉悅中樞的活動。

雖然這項研究很有趣，但不夠全面，因為測試的內容很有限。對兩性來說，即使是微小的成就，也會令人十分滿意。這就是填字遊戲和數獨廣受歡迎的原因。

報紙還能採用其他方式提供成就感。

摘要：媒體

名人文化已無法啟發人的心理。有些名人在體育、音樂或表演領域的確展現過人的天賦，其他人則是因為本來就是知名人士，透過正向反饋迴圈而變得更有名。

媒體曾是文化的核心要角，現今卻不可同日而語。

第十章
感知

本章可能是整本書中最關鍵的部分。

感知是思維的核心要素。哈佛大學的大衛·珀金斯（David Perkins）教授在其研究中指出，九成的思維錯誤來自於感知錯誤。邏輯占的比例微乎其微。一個人無論邏輯有多強，若感知出了問題，答案就會是錯的。他告訴我：「你長久以來強調感知有多重要，或許是對的。」

哥德爾定理（Goedel's Theorem）證明，你絕對無法從任何系統內部用邏輯證明系統的起點——不管你的推理多合邏輯都一樣。起點這種主觀感知和假設，無法以邏輯證明。因此，不論你自認邏輯多強，你的結論一定取決於你的起點，而非你邏輯能力的高低。

邏輯與感知

如果感知對思維真那麼重要，為何我們完全把它當空氣？我們總一再強調邏輯，但缺乏感知的邏輯是一種誤導，甚至可能十分危險。源自錯誤感知的邏輯看似是真理，但可能招來危險的後果。

最主要的原因，是中世紀初期教會確立的思維體系不需要感知。當時需要的是真理、邏輯和證據，好證明異教徒是錯的。那時不需要感知，因為你面對的並非真實的世界，而是人為設計的概念，以及大家都認同的既定定義：上帝無所不能、罪孽、人容易犯錯等等。這些與感知真實世界完全無關。操弄這些「設計精良」的元素需要邏輯。沒有感知發揮的餘地，也就不需要感知。

現實世界的感知

實際生活中的現實世界與此截然不同。我們尚未確定感知派不派得上用場。感知是最重要的東西，但我們對感知從未採取任何動作。

我們忽視感知的另一個原因，是不知道如何應對。把邏輯應用在感知是行不通的——兩者分屬不同的系統。

在澳洲有位叫強尼的五歲男孩，他朋友要他選擇拿一元澳幣或兩元澳幣。一元澳幣的體積比兩元澳幣大得多。強尼選較大的硬幣。他朋友笑他很蠢。每次他們想捉弄強尼，就給他相同的選擇。他總學不會教訓，一直選擇大硬幣。

有一天有個成人看到這一幕，為強尼打抱不平。他把強尼叫到一邊，告訴他雖然小硬幣體積小，其實價值是大硬幣的兩倍。

強尼帶著微笑，禮貌地謝謝他，然後說：「我知道。但如果我第一次就選兩元澳幣，我之後還能拿幾次硬幣？」

這就是感知問題。如果把這件事視為單一事件，就會選擇兩元澳幣。但如果像強尼一樣了解朋友，就會知道他們會繼續給你硬幣，你就能拿到更多硬幣。感知就是關鍵。

著名作家吉利・庫珀（Jilly Cooper）曾在報上寫過一篇文章，建議如果想知道老公有沒有劈腿，就注意他吃完早餐後離家時領帶的長度，以及晚上回家時領帶的長度。有一天，有位男子回家時，領帶比早上離家時短很多。妻子勃然大怒，指控他有小三。

「親愛的，我去打壁球了。」他回答。打壁球需要拿掉領帶。女人的感知發生變化，情緒也隨之改變。

邏輯永遠無法改變情緒，但感知的變化總會改變情緒。你別無選擇。

我在前面提到，在南非的卡利（Karee）礦區，一群文盲礦工學了我一些改變感知的簡單技巧（老師是蘇珊・麥基和唐諾・道森）。在這些簡單的感知工具中，簡稱為OPV（Other Points of View，不同觀點）的工具要求思考者考慮他人觀點。執行這項簡單的思維任務之後，在當地工作的七個部落，彼此之間的衝突從每個月兩百一十起降至四起。

我們不斷強調邏輯，但缺乏感知的邏輯會產生誤導，甚至可能十分危險。來自錯誤感知的邏輯會披著真實的外衣，進而帶來危險的後果。

可能性與替代方案

一名表情兇惡的男子朝你走來，這可能會是甚麼情況？

- 他的確很兇。
- 他天生長得一張壞人臉，本人一點都不兇。
- 某種原因讓他覺得受到威脅或沒安全感，這是他的反應。
- 他在虛張聲勢——也許是想留給朋友深刻的印象。
- 他在開玩笑。
- 他根本不是朝你走過來，而是走向你身後的某個人。

其他有些可能性也許可信度不高，但感知需要產生這些可能性。然後，我們再努力證實所有可能性。

我們的大腦會自然地想盡快得出「真實」和「確定」的結論，因為這會決定我們的行動。結果，我們的感知經常出錯，導致行為也跟著出錯。

物體與情境

我們有辦法認出狗、汽車、馬和樹。不同的特質會產生不同的名稱或詞彙。情境就比較複雜。我們沒有為不同的情境定義名稱，因此比較難以辨識。正如本書其他章節提到的，我打造了一套編碼系統，方便我們為複雜的情境命名。就算是這樣，我們還是有可能誤判。

你不太可能會說：「這可能是馬或汽車。」——答案很清楚。但你很可能會說：「這可能是這種情境或那種情境。」就感知而言，我們必須牢記各種替代方案和可能性。我們對物體很熟悉，因此不太會犯錯；但我們容易搞錯情境，這就顯得非常必要。

我們能做些什麼？

對於感知，我們能做些什麼？有什麼能提升我們的感知性思維？

過去兩千四百年來，我們對感知這塊領域幾乎毫無作為，因為我們非常迷信於邏輯的卓越性。

我們至少可以做以下三件事：

1. 態度
2. 感知工具
3. 感知地圖

態度

我們已經說明過許多必要的態度。

我們必須承認感知的重要性。

我們必須明白只有邏輯是不夠的；必須知道以感知為基礎的邏輯，永遠比只有邏輯更好。

除了具體的工具之外，思維還需要各種態度、習慣和心理操作。這些要素能提升這些工具的效果。

你必須抱持對任何事都能發揮創造力的基本態度，必須揚棄解決問題時只專注於失敗、錯誤和缺點的態度。雖然這些問題確實需要用水平工具來解決，但它最大的風險，是我們可能狹隘地認為創造性思維就是解決問題。這就表示，如果情況看似正常，我們就不會去尋找新的可能性。這正是「別沒事找事做」（If it is not broken, don't fix it）這句名言所反映的心態。

另一個基本態度，是願意使用「移動」，而非「判斷」。因為某些明顯的因素（也是重要的因素），我們平常的思維都以判斷為主。判斷有諸多層面。這個相不相關？有沒有用？正不正確？管不管用？

我們應該試著使用「移動」，而非判斷。這兩種心理操作截然不同。判斷除了「識別」之外，還包括「接受」和「拒絕」。移動的重點在於積極行動：我從這個位置可以移動到哪裡？我們要努力前進，並善用各種移動價值。

前面已經說明移動的實際過程，但重要的是能看出所有事物的「移動價值」，而非只是它們平常的判斷價值。我們在心態上必須作出重大改變。

另一種態度是願意尋找替代方案。這表示要努力超越顯而易見的備選方案，進一步尋找新的替代方案。也許有另一種感知：有什麼其他的觀點？可能有其他解釋：對於當下的情況，有什麼其他的解釋？可能有其他的行動方案：我們有哪些替代的行動方案？可能有其他選擇：有哪些選擇？也許我們能在不同領域找到替代方案。不同的行動可能會導致不同的後果。也許會有其他情境。

對替代方案採取開放的態度，表示不急著找出「真相」或「最佳方案」。

尋找替代方案需要抱持開放和接受各種可能性的態度。科學往往因所謂的事實而停滯不前（例如相信消化性潰瘍的起因是胃酸）。有種技能能幫我們培養務實及行動導向的態度，又能時時想著各種可能性。你若結婚，只能從許多可能人選中選出一名女性或男性，接著就要忘記其他可能性。但在創造力層面，即使方案已付諸實行，也要留意其他可能性。

我們需要考慮各種可能性和替代方案，並將其牢記心中——而非妄下結論。

我們需要了解，他人可能會根據自身的經驗和價值觀抱持其他感知。

感知工具

一名探險家被派往一座新發現的島嶼，回程時寫了一份報告。他評論島上北邊冒煙的火山，也評論了一隻長相奇特卻不會飛的鳥。

大家要求他進一步說明。他回答，這些是唯一引起他的注意或「吸引」他注意的事物。

因為這份報告寫得不夠好。他又被派回島上，還要依照具體指示「引導」他的注意力，而不是等著注意力被「拉」到某個方向。他必須朝北看，寫下他看到的一切。然後再向東看，記下看到的事物，接著向南看、向西看，進行同樣的紀錄。

他這次帶回對這座島嶼更全面的描述，因為他接受了「引導注意力」的架構，而不是坐等某些事物來吸引或「抓住」他的注意力。

同樣地，有人被派到花園觀察所有色彩。他們的注意力會被顯眼的顏色「吸引」——水仙花黃或草地綠。他們會忽略較不起眼的顏色。不過，如果派同一個人去花園，依照架構按照順序尋找每種顏色（藍色、黃色、紅色、棕色），他們就會更仔細地全面掃描所有顏色。

注意力是改善感知的關鍵。如果不引導注意力，我們只會看到熟悉的模式。那我們該怎麼引導注意力，避免被動地空等注意力被某件事物吸引（通常是不尋常的事物）？我在我的書籍《六個資訊思考框》（*Six Frames for Thinking about Information*）中指出，我們可以先設定觀察方向，並記錄在這個方向觀察到的一切。我們可以尋找價值、興趣、準確性、滿意度等。

我們也能以同樣的方式打造「引導注意力」的正式架構。這種模式類似於NSEW（北—南—東—西）的架構，能有效改善我們的感知。

這就是CoRT（感知研究信託方案）思維課程的基礎。這個課程目前受到全球數萬所學校的採用。完整的CoRT課程囊括六十堂課，但並非所有課程都在探討感知工具。例如，CoRT 4主要探討創造力。最基本的感知工具都納入CoRT 1課程中。除了這些具體工具，感知的關鍵因素是可能性和替代方案。你以某種觀點觀察情境時，同時也檢驗其他可能性和替代方案。

基本工具

PMI：這是指先將注意力引導到Plus（正面因素），然後是Minus（負面因素），最後是Interest（有趣點）。「有趣點」意味著值得注意或評論的重點。這件事有什麼有趣之處？這個層面可能不是正面因素，也非負面因素。

CAF（發音為「caff」）：考慮所有因素（Considering All Factors）。思考者刻意盡力分析與思維相關的所有因素。應該考慮哪些因素？

C&S：這裡指的是將注意力放在結果（Consequences）和後遺症（Sequels），無論出現的是哪一種。未來會發生什麼事？直接結果、近期結果、中期結果和長期結果是什麼？要看到答案可能不容易——但一定要努力尋找。

AGO：宗旨（Aims）、目標（Goals）和目的（Objectives）。對於想要做的事，

我們的想法通常很模糊。AGO工具規定我們要非常明確地思考。我們的宗旨是什麼?有什麼目標?目的是什麼?寫出來和放在心中可是兩回事。

FIP（發音為「fipp」）：這項工具將引導注意力到最重要的事項（First Important Priorities）上。並非所有任務都一樣重要。名單上的所有事項絕對有優先順序。這項工具會將注意力引導到重要和優先事務，也會將注意力引至必須先完成或考慮的事項上。

APC：替代方案（Alternatives）、可能性（Possibilities）和選項（Choices）。這裡有什麼替代方案?它們可能是另一種解釋、另一種感知和另一種行動。有哪些可能性?有哪些選項（包括明顯的選項和不明顯的選項）?這個工具的目的是增加可能性。

OPV：他人觀點（Other People's Views）。思考者從對方的觀點分析他們可能的想法。這項工具通常可以化解爭執和衝突。這是減少卡利礦區衝突的主要工具。你必須發自內心想了解對方的觀點，千萬不要覺得對方**應該要**怎麼想，而是思考對方**可能**會怎麼想。

整個CoRT課程還有其他工具，包括找出價值、可用資訊及欠缺資訊的工具。

基本工具範例

PMI工具：要求思考者先將注意力引導到事情的正面，接下來到負面因素，最後是有趣因素。

澳洲有個由三十個十二歲男孩組成的班級，我們要求他們思考青少年上學是否應該得到報酬。他們四人一組進行討論。最後，這三十人一致認為這是個好主意：他們可以買漫畫、糖果、口香糖、電影票等等。

接著我們向他們解釋了ＰＭＩ。他們再次以四人一組，系統地分析各種注意力的方向：正面因素、負面因素和有趣點。練習結束後，三十人當中，有二十九人改變想法，認為付錢給年輕人上學不是好主意。

正面因素和之前沒有不同，但現在多了負面因素。年紀大的男生可能會為了錢欺負年紀小的男生。學校可能會提高午餐費作為因應。家長會不太願意給禮物，他們會問小孩錢從哪裡來的，同時表示其他的教育領域更需要這筆錢。還有一些有趣的觀點。他們想知道懲罰會不會影響報酬的金額，或者高年級的學生拿到的錢會不會比較多。

重要的是，老師在過程中完全沒有干預，只會簡單列出孩子們使用的PMI架構。孩子們使用了這個架構，因而獲得更廣泛的感知，觀點也因此改變。這正是思維教學的宗旨：提供能引發改變的工具。

C&S工具：我曾在加拿大為一群非常資深的女性高階主管舉辦研討會。我請她們思考：如果做相同的工作，女性的報酬是否應該比男性高百分之十五。她們分組討論了這個觀念，認為這個建議很有道理，因為女性肩負更多的責任（例如家庭）。百分之八十六的人贊成這項觀念。

接著我要他們運用另一種稱為C&S的注意力引導工具。這項工具指的是結果和後遺症。它會把注意力引向直接結果、近期結果、中期結果和長期結果。她們做了這項練習。最後，因為種種理由，這項觀念支持率從百分之八十六下降到百分之十五。

這個例子的重點是，如果你問其中任何一位女性高階主管，她們是否考慮過後果，她們會回答，她們是高階主管，大部分時間都在思考後果。不過，這和運用C&S工具審慎思考還是大不相同。

APC工具：要求大家將注意力引導到替代方案、可能性和選項。即使是罹患唐氏症的青少年也能有效運用這些工具。這種症狀也許是大腦某區塊無法對其他區塊下達指令，因此他們會比手勢，表示想使用某種工具。這些手勢是在南非的礦坑發展出來的，因為礦坑的噪音太大，根本無法交談。

因此，這些青少年可能會為APC工具編排手勢，再對自行發展出的手勢做出反應。透過外部教學，唐氏症的青少年能藉由內部指示克服任何困難。

這些工具簡單易懂，大家都表示不斷在使用。類似前面提到的經驗持續證明，使用這些簡單的工具刻意引導注意力，結果會大大不同。

態度與使用正式工具不同。多數人都聲稱自己的態度很均衡，對任何情境會縱觀正反兩個層面。其實我們都只是敷衍了事。碰上喜好明顯的時候，我們根本不會這樣做。你會經常努力思考討厭鬼的優點嗎？

我在前面提過，某位教育家曾說，這些工具太簡單，一定不管用。但它們確實管用，而且效果很好。你必須了解大腦的運作模式，才能明白這些工具為什麼會管用。許多人表示，這些工具不過是用縮寫表示各方面的正常行為。有些人喜歡這些方法，但反對使用縮寫。

這些縮寫是必要的，因為縮寫會存在大腦裡。態度在大腦中沒有儲存的空間。它們就像旅行社擬出的旅遊計畫。態度不是你想打開就能打開的。

縮寫就像事物的名稱，在大腦中占有一席之地。要是有人中風，唯一的影響是他記不住蔬菜的名稱。中風傷到儲存蔬菜名稱的大腦區塊。同樣地，縮寫就像電腦程式，可以加以儲存、開啟並執行。

感知地圖

流動景觀

我在《水性邏輯》（*Water Logic*）一書中，描述了流動景觀（Flowscape）。它是一種描繪或顯示感知的方式。

如果你乘船順流而下，依次會經過甲鎮、乙鎮和丙鎮。甲鎮不會「導致」乙鎮出現。兩者只是依次出現而已。

大腦的「神經狀態」（neural state）穩定一段時間之後，「疲勞因子」（tiring factor）會開始作用以及接著會出現下個（敏感神經元的）穩定狀態。因此，這是從某種狀態移動到另一種狀態的過程。這不一定與因果或歸屬關係有關；它就像河流，純粹是某件事接著另一件事發生。

運用流動景觀這項工具時，只需列出在整體情境中看到的諸多元素就好（不必列出特定時間點）。

然後，當注意力從名單上的某一點移動到另一個點時，你的思維會立刻跟著轉移。每個點必須有一個（也只會有一個）箭頭指向另一點。可能有許多箭頭會指向某一點，但一個點只能射出一個箭頭。

接著用圖把它們標出來。你可能會發現，你以為的中心點，其實是邊緣點。你可能會發現有些點會彼此強化。一張視覺圖便油然而生，讓你見到自己的感知元素。

以下是流動景觀點：

思維→教育

教會→邏輯

教育↓邏輯

論證↓邏輯

邏輯↓哥德爾

哥德爾↓感知

感知↓可能性

可能性↓創造力

創造力↓可能性

設計↓創造力

繪製出的流動景觀圖如下。這些點明顯分成兩組。其中一組的核心是邏輯。另一組的核心是可能性。兩組透過哥德爾定理移動（代表只有邏輯永遠不夠）。

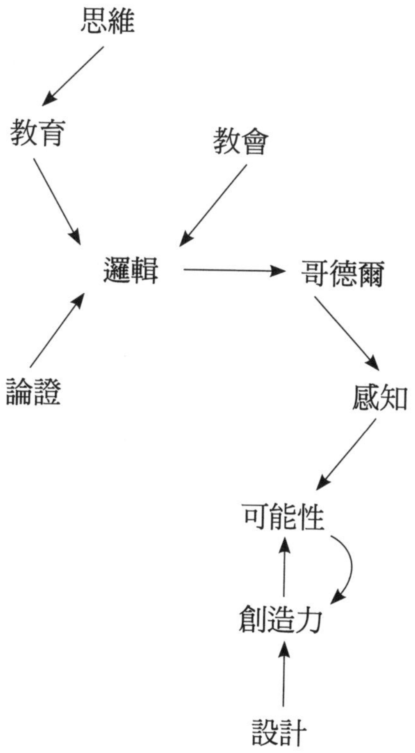

摘要：感知

光有邏輯是不夠的。感知非常重要。的確，在日常生活中，感知比邏輯重要，然而我們對感知卻毫無作為。

我在本章試著證明我們可以改善感知。令人訝異的是，我們等了兩千四百年才做這件事。

最後舉個例子。在一項實驗中，我們讓學生看一場選舉中對決的兩名候選人的大頭照，沒有姓名或黨派資訊。我們要學生猜勝選的是誰。學生猜對的機率是七成。這說明什麼？

也許學生的感知十分敏銳，光靠一張大頭照就看得出自信、能力和責任感。

也許學生說服自己，他們看得出這些特質，但最後還是選了他們認為會當選的人。

也許民主已經發展到外表比經驗和能力更重要的地步。

第十一章

批判性思維與批評

本章與其他部分（如辯論與民主）的內容有部分重疊，但這個主題非常重要，需要單獨寫成一章。

現今許多思維教學者的教學重點都是「批判性思維」。這個現象有兩個層面需要考量。

部分批判性思維教學者聲稱，批判性思維（critical thinking）囊括了所有類型的思維，包括創造性思維在內。他們主張，就關鍵問題或關鍵領域的意義而言，「關鍵」（critical）一詞代表「重要」（important）。這種用法既危險，又容易誤導人。「批判」一詞源自希臘語*kritikos*，意為「判斷」（judge）。因此，批判性思維即是判斷性思維，這就是這個詞的一般含義。個人的解釋不具公信力。

另一方面，批判性思維能將我們拉回原點和本書的主題。希臘三賢（GG3）的判斷性思維十分卓越，但還不夠。對文藝復興時期的教會來說，批判性思維已然足夠，因為你只要拿標準教義判斷是否符合標準就好。

在現實世界，光靠批判性思維是不夠的。你可能擅於批判性思維，能輾壓所有愚蠢的想法，連出色的想法也能摧毀。然而再多的批判性思維也無法催生出創意。那麼，新創意源自何處？

不斷強調批判性思維只會關閉通往可能性、創意和進步的大門。也許很多人會運用出色的批判性思維評論這本書的內容——但他們能不能設計出更好的內容？這就促發了需求。

我們需要感知性思維，需要設計性思維，需要創造性思維。再多的批判性思維也無法滿足這些需求。

汽車必須裝剎車，這是必要裝置。沒有剎車會不斷發生車禍。但只有煞車是不夠的。汽車需要剎車，當然也需要引擎。只有沿著寬闊的大道開車下山時才會只需要剎車。因此，我們處於衰退狀態時，或許批判性思維就足夠——但若想要進步，光靠它絕對難以成事。

批評與抱怨

批評與抱怨是社會的必要元素，兩者是預防社會偏差和維持秩序的重要環節。

大部分的人都愛抱怨；甚至可能養成了愛抱怨的習慣。

集結消費者共同協助設計新產品和服務，可以有效揪出有待修正或刪除的部分。然而，這些團體不擅於提出創意、新產品和新服務。

我們承認批評和抱怨相當重要，但也要申明，這種思考模式比不上設計性思維、創造性思維或發掘性思維。學校和大學必須說明清楚。培養「批判性思維思考」是不夠的，甚至會適得其反。許多優秀的人才原本具備創造性思維，也能對社會做出貢獻，但他們卻受到批判性思維的箝制，被引導成優秀的批判性思維思考者。媒體基本上就是這樣，它們似乎只會使用批判模式。

這些話絕無意降低批判性思維的重要性。批判性思維非常卓越，但尚嫌不足。我們需要能催生創意的能力。枯等靈光乍現，會緩不濟急。

若過去幾世紀將創造性思維和設計性思維納入教育系統，如今的世界可能會比現在先進多了。

解決問題

「解決問題」一詞對於思維教學的傷害與「批判性思維」這個詞一樣嚴重——基於相同的原因。兩者都相當卓越及必要——但這樣還不夠。它們都阻礙了其他方向的發展。

你開車時，車子拋錨。現在你面臨兩個問題。第一個是該怎麼抵達目的地，第二個是該怎麼修車。

船破洞了。這是個問題，你必須加以解決。

治療關節炎的新藥好像會提高心臟病發作的風險。這是個必須解決的問題。

有個問題兒童總是不聽話，你該怎麼解決這個問題？

有問題，表示實際狀況偏離正常或預期狀況。思考解決之道非常重要——但這樣還不夠。

你需要執行一項任務。你該怎麼做？這本身不是問題，不過過程中可能會遇到問題。

你想要改善某件事？這不是問題。

有些人主張「解決問題」一詞能囊括一切，他們認為「你想做的任何事」都是問題。因此，有目標的心理活動都算是問題。

這種想法是一種誤導，相當危險。之所以說這是誤導，是因為它認為只有「解決問題」才算思維。這種想法很危險，因為它排除了所有其他類型的思維：設計、創造力和感知等等。

美國（以及其他地方）的商學院只重視解決問題，排除策略設計以及建立新聯盟和新行銷觀念等所需的創造力。

和批判性思維一樣，聲稱「解決問題」一詞囊括各種思維一點用都沒有。它做不到，也不可能做到。

創造力的一大功用是簡化。經年累月下來，流程和操作日益複雜。自然的趨勢是日益複雜，而非日益簡化。

幾年前，我在《簡單思維》（*Simplicity*）一書中建議，英國政府應該廢除離境時的護照管制。當時，若發現有人簽證逾期居留，他們會遭到逮捕，然後送進法庭再被驅逐出境。為何不一開始就讓他們揮手道別離開？本書出版三個月後，英國就廢除離境護照管制了。

我提出這個構想時，不是想解決問題。當時的系統還是有效的。改善和簡化不是在解決問題。簡化可以節省時間、金錢、麻煩和壓力。運用創造力刻意簡化某些事，是創造力相當重要的實際應用。

將思維視為解決問題的真正危險，在於我們只會注意問題和不完善之處。不屬於「問題」的事物，就不會引起我們的注意。

缺陷

我應邀在一場義大利的大型教育會議發表演說。現場大約有一萬名教師。整場會議幾乎都在討論教導困難或弱勢學生（例如罹患自閉症等疾病的學生）。大家覺得其他的教育層面都很完美，不需要加以思考。我對他們說，我們的思維一點也不完美，需要多加關注才行。

基金會也是如此。若我去比爾及梅琳達・蓋茨基金會（Bill & Melinda Gates Foundation）或洛克菲勒基金會（Rockefeller Foundation）這種大型基金會，為非洲愛滋病問題募資，我可能會得到一筆捐款。若我要募集持續研究的資金，以便拓展人類思維中顯而易見的優勢，我沒把握募資會成功。

只看問題的習慣表示我們停滯不前。正如前面所討論的，民主制度有許多有待改進之處，但不能稱之為「問題」。

摘要：批判性思維與批評

將所有人類思維稱為「解決問題」的危險習慣，大幅降低我們對思維的關注程度及應用程度。心理學家尤其難辭其咎——也許是因為他們的工作範疇並非真實世界。解決問題和批判性思維一樣，雖然相當卓越——但還不夠。

「雖然卓越，但還不夠」是本書許多章節的主題。這不僅表示其他領域仍需改善，也意味著這會有危險：我們對這些想法的崇拜會阻礙其他所有活動。然而，我不會加以攻擊，指責它們是錯的。它們沒有錯——而且相當卓越，但會消耗我們的能量和注意力，讓我們無法關注其他教育層面。

第十二章
藝術與思維

最知名的思考者雕像是出自羅丹（Rodin）之手。這座雕像沉重、陰鬱又無趣。我想舉辦一場國際競賽，造一座展示興奮、成就感與希望的思考者雕像。思考並不無聊、乏味和沉重。

藝術很少鼓勵思維發展。這是因為藝術似乎認為人類真正的本質是情感。文學與戲劇的主題通常是情感，因為情感才能催發戲劇性，思維和快樂很少出現。

我曾經在好萊塢（透過《綜藝》（*Variety*）雜誌的一篇文章）建議好萊塢為電影設定「快樂」評等。使人非常愉悅的電影能拿到「HHHH」級，比較不快樂的電影會列入「HHH」級，再來是「HH」級，最後是一個「H」。因此，觀眾在選擇看哪部電影時，這套評等能協助他們作出決定。我很快就發現，電影界根本不喜歡這個點子。可能是因為電影大多充斥著苦痛或鬥毆，也可能是因為他們明白「快樂」的電影不好拍。正如媒體總是輕易選擇製作負面報導，製片人也總傾向選擇痛苦和暴力的主題。

負面才是真實

有一種錯誤觀念，覺得痛苦和悲劇才是生命的真正本質，其他都是膚淺的感受，會分散人們的注意力。若要引起觀眾的興趣，這或許是對的，但同時也是一場不符合現實生活的大騙局。多數人的生活都乏善可陳，相較之下，悲劇元素占的比例微乎其微。

沉溺於抑鬱只會讓人更抑鬱。你需要思考如何走出抑鬱和乏味的生活。

標新立異

太多具有創造力的人，認為創造力講求的就是標新立異。這個現象在繪畫界尤其明顯。你不能畫得和過去的人一樣，可能因為你也不想這樣做。因此，你選擇標新立異、甚至奇特的畫風，然後說服大家，你的作品極具價值——只要他們學會用正確的觀點欣賞就行了。

這種手法相當有效；它孕育出立體主義和畢卡索，以及現今許多出眾的藝術家。此外，許多藝術家本身創造力不高；他們只是出色的風格大師，具有珍貴的感知和表達風格。許多藝術家甚至因為全世界對他們的期望，而受限於特定的風格。例如，安迪．沃荷（Andy Warhol）的藝術作品看起來就該像是他的作品。

繪畫其實是編排注意力的舞蹈。大家會先注意作品的某一點，然後擴大到整體，再回到另一點上。這段注意力之舞讓人產生美學的愉悅感。這與注意力的樂曲並無二致，通常是在無意識間完成的——但也可能是有意識的行為。

有些畫作能刺激觀眾思考，提供嶄新的見解和認識。這種畫作能協助鍛鍊感知，並提高我們感知各種可能性的能力。

有些畫作和雕塑需要觀眾在欣賞其價值之前做大量的功課。只要最後能讓大家看到價值，這種做法並沒有錯。

創造力與藝術

藝術家可能具備新穎和原創思維，但不見得一定具有創造性思維的彈性。誠然，他們往往願意靈活運用概念和感知，也願意以成果證明達到目標的過程是合理的，而非死守一連串既定的步驟。這些全是一般創作氛圍中的要素。

然而也有一種錯誤觀念，認為創造力與藝術相關，因此藝術家是教導創造力的不二人選。這就像是說，國際賽車手是的最棒的賽車設計師和最頂尖的駕駛教練。這種觀念認為，這樣的做法可以產生某種滲透效應——藝術家的態度會滲透到學生身上，進而讓學生得更具創造力。

有些藝術家確實很有創造力，也很會教導創造力。但這些人只是具備創造力，也是優秀的創造力教師，只不過碰巧成為藝術家。將「創造力」與「藝術」混為一談，是語言問題，可能會造成重大的不良影響。

音樂

整體而言，音樂比其他藝術形式更能振奮人心。這裡指的音樂不只包括古典音樂，也包括搖滾樂、流行樂和現代音樂。

值得一提的是，相較於其他藝術家，音樂家對我的理論比較感興趣，可能是因為寫作和繪畫是在表達某種概念——即使只有一些些。而在音樂的領域，音樂家不僅在描述某種概念，更是在創作整個作品。

因此，音樂家更了解例如「刺激」（provocation）這種手法。

總結：藝術與思考

有人可能會說，我們應該體驗人生，而非思考人生。也有人說，藝術的宗旨是讓人生的體驗更敏銳。我同意這種說法。

然而，在體驗中加入思維，就像為黑白照添上色彩。細微的差異、意義和關係，會變得更清晰可見。

未經加工的體驗和情緒比較像是生肉，只有愛好者能接受。

第十三章
統御力和思維

要領導者談論思維的重要性，幾乎是不可能的任務。我們都假設領導者的思維必須幾近完美。此外，任何政策或行動，都可能因為出現思維不周之處而遭受攻擊，所以談論思維會導致領導者遭受攻擊，所以領導者通常不會談論這個話題。

針對思維，先知穆罕默德表達的見解，在宗教領袖中可能最深入又豐富。在《聖訓》（*Hadith*）中，先知穆罕默德說的話有別於《古蘭經》（*Koran*），他說了以下這些話：

「思考一小時勝過祈禱七十年。」（這裡指的是思考造物主的神蹟。）

「學者之墨比烈士之血更聖潔。」

「有識之士為魔鬼帶來的煩擾，勝過一千名信徒。」

沙烏地阿拉伯教育部的人告訴我，《古蘭經》裡有一百三十段經文與思維有關。

耶穌在耶路撒冷不能大方討論「思維」，因為這樣等於對信眾暗示法利賽人（學者、知識份子和律師階級）是壞人。穆罕默德則是在沙漠中告訴戰士（他們沒有學者的自負和驕傲）思維很重要。

自滿

如果你說法語又住在法國，何必覺得其他語言很重要？

如果你邏輯非常清晰，何必重視其他思維模式？

如果你是教育工作者、大學校長或教育部長，又堅信傳統模式完美無瑕，何必認為自希臘三賢以降，人類的思維毫無進展？

如果現有思維模式讓你成就斐然，你又何必鼓勵別人學習更進步的模式？

如果對其他思維模式天真地一無所知，你怎麼可能不自滿？

教育界領袖不僅不鼓勵人類提升思維，反而常常想阻止這種發展。即使斑斑鐵證說明教導感知性思維及創造性思維的成效相當好，但傳統顧問因自滿所產生的安逸感，吸引力更加強大。

通常只有個別教師或校長（如沃特福德女子文法學校的海倫・海德）會主動推動思維教學。

這種現象可能改變嗎？我看不會。

新方向

在寫《思考的奧祕》一書時，我發明了新的數學方法來處理模式、路徑等。我稱它為「路徑學」（hodics）。其字源為希臘語「odo」，意為「道路」。有時我們必須設計出新的方法，才能解決一項主題。

我們不該死守目前的判斷型「盒子」及分類思維系統，也許可以採用截然不同的系統。這將是一套「場效應」（field effect）系統，與大腦的實際運作方式較為類似。我會在這個領域努力研究。同時，電腦程式也有可能採用「場效應」模式工作，而非數位模式。

我們也許能開發出全新的思維語言。當然，針對感知，我們也需要比現在更柔和、更圓融的全新語言。這種語言必須宛如景觀輪廓般柔美，不似大樓般的堅硬。

我們不必對於他人抱著非「友」即「敵」的想法，可以將其視為複雜的多面體。也許可以暫時將他視為「敵人」，但不表示他「永遠是」敵人。

最後，我們必須做出決定並付諸實際行動——然而，這些並非無法改變或不可逆轉。兩名政界人士可能對彼此深惡痛絕，但明白彼此都需要對方時，就不得不攜手合作。

代碼

我發明的代碼能讓我們採用新的方法感知這個世界。我們能藉此立即傳達複雜的情境。這套代碼會影響我們的思維習慣，甚至能提供一般語言無法達成的思維功能。

為了設計更完善的人類思維，我們已經邁出第一步，但前方依然任重道遠。

七點思維法

這是這本書介紹的全新思維輔助工具，也是我首次提到這項工具。這是一種主題思考法，類似許多其他思維法，都是直接以大腦運作模式為基礎。

人腦內部在特定時刻會有一組緊密相連的神經元集群處於活躍狀態。漸漸地，這組神經元集群會逐漸疲憊，活躍的焦點便會轉移到下一組準備好的神經元集群。由於第一組集群的連結作用，或是外界事件的刺激，導致新的神經元集群被喚醒並準備接手。

我們試圖藉由七點思維法（Septine）運用這種行為模式，達到不必連結神經元，就能讓大腦不同區域活躍起來的效果。這就表示大腦裡同時會有許多個被喚醒的區域，這些區域可能又會喚醒其他區域。如此一來就能針對某種主題激發出新思維，或者得以釐清思維。

運用七點思維法時，只需記下某種情境七種不同的想法。不必試著以邏輯排列順序。這些都是零散的想法，可以用一個簡單的字眼、一組片語，甚至一句話。七點思維法的每項元素都有獨特的地位和意義。

我們不必試著分析或調查情境，只要看到七個「點」就好。

假期

用七點思維法來設計假期：

- 改變
- 省事
- 放鬆
- 興趣
- 不同
- 舒適
- 旅行

請仔細閱讀這七點，反覆閱讀也無妨。

你腦中可能會浮現許多想法。完美的七點思維並不存在——它們都是主觀感受。

下面列舉一例：

完全不計畫旅行的假期。你安適地待在家中耍廢。某家機構會提供廚師和其他工作人員照顧您。最重要的是，這家機構還會提供一位「有趣」的客人。這位客人可能是講師，或是能告訴你某個特殊領域的資訊或經歷的人。

這就是以假期為主題的設計。您要付費給這家機構。

思維

我們可以試著針對「思考」想出七點思維。

- 行動
- 感知
- 設計
- 思維能力
- 教育
- 體驗
- 機會

一如以往，很多想法可能會源源不斷湧出。以下是其中一項：

教育應該提供直接體驗的機會。這種體驗會逼我們對情境感知和行動設計運用思維技能。

此外，這種體驗的設計也需要優異的設計技巧。

不必進行分析

要注意的一點，是七點思維不是分析工具。我們不必深入分析情境的各個部分，只要能提出不同的觀點、因素、考量和觀察即可。不同的人可能會組合出不同的七點思維。同一個人在不同的場合，也可能組合出不同的七點思維——就連相同的場合也可能組合出不同的結果。

分散

在七點思維中，「分散」是舉足輕重的要素。這幾點不該緊密相連，反而應該隨機產生。不必把所有要點都列入最後的想法中。這裡的作用只在於喚醒大腦的不同區域。

肯定

我寫這一節是有原因的，我會在本節最後解釋。

一群南非學者列出史上對人類貢獻最大的兩百五十人，我有幸名列其中。

許多年前，我在西班牙獲得了理解獎（Capire prize）。最近，我又榮獲國際管理顧問公司協會（International Association of Management Consulting Firms）頒發它們的最高獎項——卡爾・斯隆獎（Carl Sloane Award）。

幾年前，歐洲創意協會（European Creative Association）對會員進行了一項民意調查，問會員誰對他們影響最深，我似乎名列前茅。之後，他們要求國際天文學聯合會（International Astronomical Union）頒獎給我。聯合會決定以我的名字命名一顆小行星。這顆行星應該是在一九七三年發現的。

馬爾他政府幾年前頒給我榮譽勳章。

我連續多年名列埃森哲（Accenture，一家頂尖企業顧問公司）全球前五十大最具影響力的企管思維家。目前我應該是第二十名——不過我研究的領域是思維，不是企業經營。

有時會有人問我，為什麼我大多都在英國工作，但我的論點在英國卻不太受到認可。我不知道答案。我有英國和馬爾他雙重國籍。全世界有成千上萬的學校和數百萬名學生採用我的教材。我敢說自己是人類史上對創造力貢獻最大的人。我出版了八十二本書，作品被翻譯成四十一種語言（包括烏都語、韓語、羅馬尼亞語，不勝枚舉）等等。

不得不說，英國的授勳制度最近名譽掃地，原因是有報導指稱，大家藉由捐款給政黨基金來購買勳章。這套制度還透過獎勵人氣英雄來穩定選票。這就表示橄欖球運動員、足球運動員、搖滾音樂人和演員可以獲得勳章。雖然他們可能是出類拔萃的表演者，但這些人對人類幾乎沒有影響深遠的貢獻。再者，以榮譽來獎勵公務員會被大家視為例行公事。

我相信蒂姆・伯納斯—李（Tim Berners-Lee）發明網際網路很久之後，才憑藉這項二十世紀首屈一指的發明獲得榮譽。

我曾建議設立名為「卓越與實質貢獻獎」（XARC，Exceptional And Real Contribution）這個全新獎項。第一位得獎者應該是發明網際網路的伯納斯—李先生。我雖抽不出時間或精力持續推動這項提議，但這個構想仍值得關注。

我在寫第一本書（在英國名為《水平思考法》〔*The Use Of Lateral Thinking*〕，在美國名為《新思維》〔*New Think*〕）時，社會中對思維最感興趣的族群為商務人士。即使那本書與商業並無直接關聯，但事實便是如此。

這個現象至今仍未改變。一般說來，企業一直是對思維最感興趣的族群。出現這種現象的原因，是商界會進行現實測試、會秉持基本原則、會看銷售數據和利潤數字，也會看結果。要判斷成效相當容易。如果效果不錯，就會想精益求精。如果成效欠佳，就會想加以改善。企業確實需要運用創造力思維才能成功。更優異、更具創造力的思維，利潤或市占率就會越高。

我手上有很多關於水平思考為企業省下數百萬美元的案例。曾管理杜邦（Du-Pont）創造力中心（Center for Creativity）的大衛．唐納（David Tanner）告訴我一個例子：某一場相當短的水平思考會議省下了五百萬美元。在另一則案例中，一年省下的費用是八千七百萬美元。

在阿根廷，一名紡織公司的老闆開始向員工傳授我的理論。當時他的公司規模，只有它最接近的對手的一半。事隔幾年之後，這家公司的目前的規模是對手的十倍。

商界對新思維有龐大的需求。但其他的社會領域大多毫無基本原則。所有其他的社會領域中，如政界、媒體界和學界，只要爭論和辯贏對方就夠了。完全不需要更優異的思維或創造力。在商界，就算你辯到臉紅脖子粗，堅持自己是對的——一個月後還是會破產。

我從未立志成為企管專家，也從不假裝自己是。我關心的是人類思維和設計更多的人類思維軟體。

然而我不得不說，照我的經驗看來，商界是社會上對思維最感興趣的領域。或許你不喜歡這個現象——但事實就是如此。這就是我寫本節的原因。

第十四章
衝突和歧見

這是傳統思維和全新思維的差異日益明顯的所在。

在我寫的一本關於解決衝突的書中。我引進了「衝突化」（confliction）和「去衝突化」（de-confliction）這兩個字眼。衝突化是指衝突從萌芽到逐漸明顯之前的過程中所涉及的因素。去衝突化是消除這些因素。

衝突有兩大類型：「欺凌」和「胡鬧」。

欺凌是指一方為了無權享受的利益而壓迫另一方。這種衝突可能會導致聯合國發動制裁。持續欺凌他方所面對的後果是需要讓欺凌方感到不適，所以我們需要設計更有效的制裁。

胡鬧是指無緣無故便發生衝突。原因可能是民族自尊心或其他類似的小事。之所以發生衝突，是因為雙方領導人藉由領導對抗來提高自己的重要性。即使有民意支持，挑起衝突的通常也是領導層。

正常來說，我們是以判斷、譴責和攻擊行動來解決衝突。比較新的方法，是考慮雙方的需求、恐懼和對未來的預判，盡力設計出一條前進的道路。

感知

即使是CoRT課程的OPV這樣簡單的思維工具，也能有效地解決衝突。雙方都努力看到對方的觀點。

如果徹底執行OPV，青少年鬥毆也會迎刃而解。

如果清楚對方的思維，就能徹底改變事情的發展。感知會影響情緒，情緒再影響行動。

探索

想消弭歧見，爭論絕不是高明的手段。「甲」抱持一個觀點，但「乙」不同意。辯論只會強化各自的立場，提升自己的正義感。雙方會更在意辯論的輸贏，而非主題本身。與其爭辯個你死我活，不如好好探索這個主題。

一家加拿大公司即將舉行罷工，該公司引進六頂思考帽探索法，最後成功避免罷工。第二次罷工也得以避免。最後工會表示，除非使用六頂思考帽法，否則他們不會與管理層談判。

雙方需要誠實客觀地檢視問題。六頂思考帽能讓任何不誠實或不完整的想法無所遁形。即使辯才無礙，也站不住腳。「甲」和「乙」可以同時戴上黑帽以找出危險。「甲」和「乙」都可以戴上黃帽來探討益處。「甲」和「乙」也可以戴上綠帽來發掘各種可能性。

戴上黑帽時可提出不滿，檢驗採納建議的後果。戴黃帽時可清楚看到任何可能性的好處。綠帽則用來尋找想法的備案、可能性和修改方案。

這套方法與主要把衝突化為言辭對立的激辯大相逕庭。

設計

本書的一項基本主題，就是區分判斷和設計的差異。

判斷檢視現狀——以過去為參考基準。

設計是安排可能的狀況——但參考的對象是未來。

判斷自以為注重「真理」，設計則努力注重「價值」。

中世紀教會導致大家只思考真理——藉由判斷來思考。進行前瞻性設計以創造價值的想法，從未是思維文化的正式要素。判斷會對個人進行審查及宣判。判斷結果一旦確定，就會採取適當的行動。畢竟，如果有人違法，就必須面對審判和隨之而來的懲罰。

然而，衝突與違法截然不同——只有準備進行判斷的人除外。

我們努力設計前進的道路，同時兼顧雙方的需求、貪婪和恐懼。

水平思考工具

我們可能需要新概念和新想法。水平思考的正式工具可能派得上用場。

我們可以運用「質疑」工具來質疑某些看似衝突核心的想法和概念，也可以尋找各種備案。

「概念萃取」工具可用於尋找不同的方式，來傳達約定成俗的概念。

刺激工具可用於產生與眾不同的想法。

當問題似乎陷入膠著，一般思維全都不管用時，隨機進入工具特別有效。這種工具有時能帶領你另闢蹊徑。

能純熟運用這些工具的人越多，應用就越成功。

總結：衝突和分歧

與其說衝突是一種問題，不如說這是可能有許多不同發展結果的情境。

設計和更優異的思維有助於局勢朝正面發展，判斷只會使局勢陷入僵化。

第十五章
發展思考的二十三道阻礙

我們現在歸納一下全球思維發展不佳的原因。各原因之間有部分重疊，但若要有所進步，就需要獨立考量各項原因，其中部分原因也可以歸為同一類。

科學與科技的成就

人類在科學與科技的成就斐然，使我們對自己的思維自傲自喜。不過，能孕育如此驚人成就的思維系統一定毫無缺陷嗎？可惜，物質與效應的無生命世界與有生命的人類世界大相逕庭。在無生命的領域，事物的屬性已知、可預測及恆久不變。然而，當涉及人類時，這些屬性就不再適用。

人類是難以預測的，彼此的互動也存在著迴圈，因此某種行為本身就能改變人類的反應。科學界與此最類似的便是物理學中的夸克（quark），它在受到觀察時會改變自己的行為。

能在法國說著流利的法語，不表示在英國也能暢行無阻。

我們需要瞭解，在不同的領域，就需要不同的思維。

缺乏思維教學人才或學科

多數大學沒有思維教學人才。書店或多數圖書館也沒有設立關於思維的分類。在所有人類行為中，思維是最基本的層面，大家卻不太重視。

人類認為思維和走路、說話或呼吸一樣，都是與生俱來的行為，不值得特別在意。

沒有人特別注重思維，社會怎麼可能會進步？

我們對自己的習慣和思維方式自滿得不得了，這種心態一定要改掉。

丟給哲學家和心理學家去煩惱

哲學家

注重人類思維向來被認為是哲學家和心理學家的義務，所以其他人對此毫不在意。把思維丟給哲學家和邏輯學家煩惱。

別無選擇的哲學家只能玩文字遊戲。他們將世界分為各種感知類型，引進各種概念，再解釋不同概念之間的互動和契合關係。但這些文字和發明出的概念謹守邏輯規則——否則大家會覺得那都是幻想。哲學的重點是描述和解釋，很少有操作性的設計。操作工具表示思考的目的在於行動，而非描述。同時，哲學家不僅不重視感知的重大功用，甚至加以忽視，覺得有邏輯就夠了。

哲學家的話偶爾有點用處，但他們對自己的方法相當滿意，所以不想設計出更優異的思維方法。再者，大學和其他地方都認為人類思維是哲學家的領域，其他人不必插手，害得人類兩千四百年來幾乎沒有任何進展。

例如，我們仍認為辯論是探索主題的好法子。然而，辯論十分冗長、粗糙、原始又效果不彰。正如本書其他章節所說的，還有很多更好的方法。

心理學家

心理學急於證明心理學和其他科學一樣，都是真正的科學，但這就表示需要進行測量。測量是客觀的，是所有科學的基礎；測量是區分科學與神話的分界線。因此，心理學開始執迷地透過各種測試和量表進行測量。這種執迷依然存在——從智商測試到邁爾斯—布里格斯（Myers-Briggs）的性格判斷法。這些測量的結果將大家納入不同的類別和盒子中——內向或外向；直覺型或判斷型——從此大家就把自己禁錮在貼上標籤的盒子裡。

再強調一次，這是描述性的行為，很少設計操作思維工具。因此，儘管哲學家和心理學家的思維都非常出色，但與操作性思維幾乎八竿子打不著。

不諳大腦運作模式

不懂大腦運作模式表示哲學家只能玩文字遊戲，而心理學家只會做測量。

現在我們有些瞭解大腦這種自我組織資訊系統如何產生不對稱的模式。我在我的書籍《思考的奧祕》有加以探討。我們無法直接證明這些概念，但它們卻是設計思考工具的基礎。然後，使用這些工具時必須證明它們的效用。例如，有一種稱為隨機字彙的水平思考工具，光是一個下午就能產生兩萬一千種新想法。

我們在人類史上首次對思維創造力做出邏輯解釋。之後，我們就能開發出有意識發展創造力的工具，而不必枯等靈感降臨或純粹仰賴天賦。

希臘三賢

希臘三賢（GG3）設計並制定出現今的思考模式。大家都知道，希臘三賢是蘇格拉底、柏拉圖和亞里斯多德。他們的成就斐然，導致我們從此無法突破這塊天花板。

蘇格拉底注重的是辯論和問題。柏拉圖在意的是真理。亞里斯多德創立了分類系統、類別劃分及辨識標準，構成「盒子邏輯」的基礎。

他們的理論形成極出色的系統，至少勝過學者及思想家熱烈採用的（歐洲）其他系統。時至今日，它仍是我們的基本思維模式。這種思維模式確實與大腦形成模式的流程相關。我們可以定義出模式，再執行這套模式的標準行為。

我們的大腦需要新的思維模式。

被視為無物的感知

這是最重要的一點。我們忽略感知是因為相信邏輯就是一切。現在我們明白了：邏輯再好，也無法決定我們的初始感知（哥德爾〔Goedel〕）。若感知不當，行為結果也會出錯——邏輯再好都沒用。大衛．珀金斯的研究也指出，日常生活中，九成的錯誤源自於感知錯誤，而非邏輯錯誤。

然而我們卻一心只注意邏輯，對感知反而毫無作為。正如本書所說，感知還有很大的改善空間，即使是像目前廣受全球各地學校採用的 CoRT 課程這種簡單的方法也很有效。

宗教

宗教沒有反對思考。它的問題在於只強調一種思考方式，將知識文化強制限定在邏輯、真理和辯論模式中。

感知在宗教無立足之地。它的地位由教義決定，必須執行信仰的行為才能接受這種感知。教徒一旦接受了這種教義，就只能透過這個架構來感知世界。

在早期，顛覆傳統的思想家會被貼上異教徒標籤，甚至被處以火刑。儘管伽利略的思想源自科學觀察和理論，還是背離了教會的教義。

傳統學說才是最重要的——可是這會箝制思維。思維內容受到箝制並非重點，重要的是它限制了方法，使得思維模式必須停留在希臘三賢的模式，所以我們必須使用新的方式。

教會

文藝復興時期，希臘式思維（GG3）在歐洲興起時，中小學和大學和大眾思維都掌握在教會手中。大家不需要創造性思維或設計性思維，也不需要感知性思維，因為所有認知的起點都是教會的教義。

教會需要的是真理、邏輯和辯論，進而證明異教徒是錯的。然而最重要的是，教會需要「真理」。沒有真理，大眾就不會信教。沒有真理，教會就無法讓大眾相信教會能讓他們過更幸福的生活。沒有真理，就無法以火刑燒死異教徒。整套思維全是為了捍衛真理。認知的起點必須由教會提供、加以定義並強迫教徒接受。他們玩弄邏輯，好證明其他人是錯的。

因此，雖然邏輯、真理和辯論成為西方思維文化的核心，但其他思維層面（如設計性思維、創造性思維、感知性思維和探索性思維）卻被視為無物。有趣的是，東方宗教反而往往比較強調感知和看待世事的觀點。然而，西方教會思維中不需要感知性思維、設計性思維和創造性思維，因此它們從未融入西方教育系統。我們的教育體系需要變革。

真理與可能性

有人指出，中國的科學與科技一度傲視全球，然而中國學者流露出知識份子的傲慢，認為光憑真理與事實就能延續榮光，對於「可能性體系」的不確定性視若無睹，導致進步就此停滯。

即使是現在，大學和其他教學機構依然無法接納可能性，因為這逾越了邏輯的界限。他們承認「假設」在科學占有重要地位，但是心口不一，並未嘗試探索和運用可能性的力量。

可能性是感知性思維的要素。你必須考慮其他感知方法。

可能性是創造性思維的要素。

可能性是設計性思維的要素。

可能性是探索性思維的要素。

因為可能性與文藝復興時期教會的需求（對真理的需求）完全南轅北轍，所以在教育中遭受嚴重忽視。

想要改善思維，就必須考慮可能性、假設和備選方案。

批判性判斷，而非設計

「批判」（Critical）一詞源自希臘語 *kritikos*，意思是「判斷」。少數注重思維教育的地方，往往著重在批判性思維。雖然卓越——但還不夠。我們的思考習慣通常以判斷為目的。分辨出標準情境後，對策便了然於胸。就像醫生診斷出制式疾病後，便開出制式療法一樣。

我們非常重視「分析」，這種方法會解析複雜情境，以便我們鑑定出標準元素——然後就明白該怎麼因應。

我們在爆發衝突時會立即作出判斷。誰是壞人？違反什麼法律或條約？該怎麼對壞人施壓？很少有人設計解決衝突的途徑。

設計與分析一樣重要，但教育系統卻把兩者當空氣。設計整合了我們擁有的東西，以提供我們想要的價值。它將恐懼、希望等因素加以組合，以便設計前進之道。因此，各級教育應該把設計視為不可會缺的要素。

語言

語言沒什麼功用。語言會強化我們的判斷系統，僵化我們的感知。我們會儘快應用字彙或標籤，進而決定我們的感知（如分辨敵友等等）。

語言使用僵化的思考框，「是」（is）這項分類機制排除可能性和替代方案。我們可能需要更柔和的感知語言，避免太早做出判斷而限制了自己的思維。

辯論

這是另一項重大的原因。我們太常辯論——因為我們從未發展出其他探索主題的方法。

辯論是我們批判和判斷思維模式的一部分。教會很強調這一點，因為這種方式能證明異教徒是錯的。

本書列出了辯論的許多缺陷。最大的缺陷是少了建設性的能量。要怎麼想出更優異的想法？要如何為雙方設計解決之道？

辯論很重要，但探索主題時，它卻非常原始且效率極低。

若真想探索主題，而非證明觀點，平行的六頂思考帽是非常有效的辯論備案。這個方法目前接受度很廣，使用者囊括高階主管到四歲學童。它將開會的時間縮短到正常時間的四分之一甚至十分之一，又能徹底探討會議主題。這套方法目前累積了相當豐富的經驗，連法院陪審團都開始採用。

民主

民主與思維的關聯，在於它是攻擊和對抗性思維的感知基礎。選舉期間和選舉後的重點是「破壞」，而非「建設」。和積極做事的政府相比，毫無作為的政府比較不容易受到攻擊。

擅長攻擊不表示能提出更好的建議。這樣一來，怎樣才會有進步？

將來，民主有可能進化成更有建設性的模式。

法院

辯論是法律流程的核心。巧舌如簧甚至可能比證據是否合法更重要。

有些案子的確適合採用辯論的模式，但有時更需要設計。ADR（Alternative Dispute Resolution，訴訟外紛爭解決機制）和家事庭調解漸成趨勢。

法院的傳統觀點，是有一方是對的，另一方是錯的。有時這與現實相去甚遠，可能雙方都有錯，在民事訴訟案中尤其如此。

因此，我們有必要建立專屬設計法庭，為雙方設計解決紛爭的方式。

媒體

一般媒體（特別是新聞界）根深蒂固地習慣以消極及批判的角度思考。造成這種現象至少有兩大因素。

首先，新聞界自詡為社會的良知和守護者，它認為自己的角色是防止暴政、虐待及大眾遭受荒誕言論的欺騙。

第二個原因是操作負面模式比正面模式容易。許多記者和編輯好像根本無法操作正面模式。還有一種觀點認為，大眾對負面模式比較感興趣。

媒體和新聞界應該帶頭改善思維習慣。

知識與資訊

這是另一項關鍵因素。

大眾普遍認為擁有知識就無所不能。學界一直注重描述和理解。如果能理解某件事，就知道該怎麼做。

這就是「路線圖」思維法：知識會讓路線圖會越來越精確，圖中的細節和岔路會越來越完整。一旦有了這樣的地圖，理論上想去哪裡都可以。只要有一張好的路線圖就行了——不會開車也無妨！

中小學和大學只在意知識，從以前到現在都一樣。

有了電腦，溝通和儲存知識越來越簡單。電腦傑出的資訊處理功能，表示大家越來越重視資訊。像谷歌（Google）和雅虎（Yahoo）這種強大的搜尋引擎，表示大家有史以來首次能直接取得個人所需的具體資訊。

但有利自然也有弊。大家開始相信人類不必思考。我們開始相信，累積和分析知識能代替我們實際思考。只要用電腦搜尋就能到你要的答案。我發現全球大型企業都有這種想法。這樣能少動大腦思考，也能完全避免出錯的風險——因為資料會說話。資訊是必要的元素。我絕不否認資訊能發揮關鍵作用。資訊雖然卓越——但還不夠。不過，我們也需要思考。

我們需要思考，才能以不同的方式審視資訊。我們需要思考來汲取資訊的價值。我們需要思考來組合資訊，以便設計前進之道。

大家對資訊投注這麼多心力，如果能把其中一小部分移到思維上，這世界就此會截然不同。

大學

大學對學術的執迷並不令人意外。大學成立的初衷就是將過去的智慧傳承給現今的世界。這項功能非常重要。即使在數位時代，擷取資訊的方式已有天壤之別，大學仍以一成不變的模式繼續運作。雖然大學注重思考，但仍採取傳統型態：分析和辯論。這樣還不夠。我們仍有必要成立思維學院。

求知若渴的聰明之士上大學學習思考，最後卻只學到哲學的文字遊戲，對實際的操作性思維知之甚少。

我們太不注重操作性思維。該如何做出實際的選擇？該如何設計策略？該如何產生新想法？該如何談判？

我的理論向來注重思維的操作面——包括催生想法、探索主題、提高感知等等。大學的角色需要大刀闊斧的變革，從資訊的提供者轉型為囊括資訊獲取及思考等技能的培育者。

電腦

前文已經提及電腦在提供資訊的作用。如果不考慮它提供的大量資訊導致思維喪失必要性這項因素，電腦其實是相當實用的工具。

此外，電腦還帶來另一種危害。我們將資訊輸入電腦再加以分析。在企業內部，我們運用這些資訊做出決定並制定策略。這是很危險的行為，因為這樣我們仍困於舊有概念和感知之中。因此，我們實在有必要從不同的觀點來審視資訊。

電腦是否能學會思考？我相信會。我們會被迫允許電腦擁有自己的感知，因為如果我們只輸入預先整理好的感知資料，電腦就無法真正思考。此外，我們可能還需要從目前的「數位」程式設計，轉變為「場效應」程式設計，這樣才能更貼近人腦的運作模式。

正確答案

請算出以下數字的總和：246、918、492、501。

這是很簡單的加法。正確答案只有一種：2157。

學校和教育機構只在意正確答案。滑鐵盧之戰發生在哪一天？蒙古的首都在哪裡？奈及利亞的人口是多少？

以上的問題都只有一個正確答案。我們需要知道正確答案。

這樣不好嗎？不會，這樣很棒。我們需要知道正確的答案和正確的做法。然而，這樣卻會壓縮創造力和可能性的空間，而我們需要更努力耕耘這些領域。

增加的機會

如果你坐下來筆算或用電腦計算一串數字的總和，你知道最後會得出絕對正確的答案。如果你想製造一件物體，你也知道在製造流程結束時，會拿到成品。

然而，我們面對創造力時，卻無法確定會得到什麼結果。可能你會先有個焦點，接著運用創造力（甚至使用水平思考工具），但這樣仍無法保證會有結果。你可能對結果一無所知，也可能只得到一些不甚有用的想法。當你的技巧日益純熟，會產生更多、更好的想法，但仍無法保證會得到有用的結果。

實驗證明，如果團隊使用嚴謹的水平思考工具，和不使用這些工具的團隊相比，產生出的想法會多出十倍到二十倍。這個數字在意料之中。即便如此，我們還是無法保證會得到絕佳的想法。

你在釣魚時，無法保證一定會釣到魚。當然，和不釣魚的人相比，你釣到魚的可能性會高很多——但無法保證每次都有收穫。

我們需要轉變成「釣魚」心態。如果嚴謹地運用創造力思維，產生新想法的可能性會遠超出不努力的人。

此外，由於大家認為新想法等同顛覆、風險、麻煩和困擾，因此對新想法興趣缺缺。在環境或競爭者迫使他們做出改變之前，沿襲現有常規好像比較保險。

想改掉這種不情願的心態，一定要降低大家接受、試驗和使用新想法的難度。我們也應謹記：創造力的一大功用是簡化操作流程，使操作執行者能直接獲益。

即使無法保證會有結果，創造力絕對是相當划算的投資，因為它會提升成功的機會。新想法可能會帶來莫大的好處，而我們只需要做一些嚴謹的創造性思考就行了。

學校與考試

學校在意的只有資訊，不會把授課時間分配給其他領域。那裡只是頂著高級頭銜的大型托兒所。

我們的確需要其中的一些資訊，但絕非全部都需要。

我們對自己的思維習慣相當滿意。對自己的科學成就也十分自豪。這些資訊雖然卓越——但還不夠。

教育是相當容易自滿的體系。學校教自己想教的內容，再自行設計考試來評估學生對教材了解多少。他們並未評估傳統的授課內容在現代社會是否相關，也沒有評估是否有教導極為重要的內容（比如思考）。

亞特基組織的研究證實，如果將我的思維訓練當作獨立學科來教導，其他所有學科的成績會提高三成到一倍。目前全世界有上千所學校正獨立教導這門科目。

大家密切和嚴謹地教導思維的時間太少了。鼓勵提問、協助分析和安排辯論都很好，但這樣只有教導思考的一種層面。我們可以把思維當作技能，密切且嚴謹地來教導，而非只將其視為另一項學科。

藝術

藝術是發展感知和洞察力的關鍵角色。藝術鼓勵大眾採取不同的觀點，觀察以往並未看見的東西。

藝術的負面影響，是有時它讓人覺得真實生活的本質只有情緒和感覺，而且通常伴隨著痛苦和消極。這些確實是生活的重要元素——但這只是因為我們從未注意其他面向。

對於鼓勵思維，藝術能發揮更大的影響力。

領導層

除了例如委內瑞拉、馬來西亞和新加坡等國以外，其他國家的領袖在鼓勵思考方面十分忽視，部分原因可能是不知道該做什麼，也可能是因為傳統型的顧問會反對新想法。

在教育領域，民選領導人並未好好地為人民服務。這些領導人應該調查該如何教導思維。就我的經驗來看，他們對這件事完全沒興趣。因此，學生和其他人發展思維技能的機會就被剝奪了。

另一層的領導人也有一樣的問題。類似聯合國這種世界級機構需要更優異的思維能力。當然地，代表性機構的思維能力不太好，因為他們只能代表自己國家的傳統思維。我曾嘗試在聯合國成立新的思考小組，但結果窒礙難行，於是我改成立一間世界新思維中心（World Centre for New Thinking）和一間世界新思考委員會（World Council for New Thinking，有幾位諾貝爾獎得主是成員）。這些機構至今仍還不是很活躍——但以後會改變的。

連貫性

這是另一項關鍵。在師院任教的老師想教授自己所學的內容，使得考試制度具有強烈的連貫性，而且強制規定教學內容。教育系統充斥著許多連貫性，導致教育改革難上加難，而且必須仰賴教師個人和學校校長。持平地說，造成這種忽視的局面一部分源自天真和無知。許多人根本不知道我們可以密切及嚴謹地教導思維這項技能，也不知道有正式的創意想法技術和探索主題的新思考框架。他們的認知可能來自報紙上的片面報導。家長應該更積極地大聲疾呼，要求學校強化這方面的作為。他們身為孩子的代表，是教育界的「消費者」，需要勇於發言才對。

正確／錯誤

我在某本著作裡創造了「原始真理」（proto-truth）一詞，來描述我們認為真實、卻想加以改變的東西。它適用於所有真理，或者只適用於部分的真理。正因真理的「絕對」特性，使我們自囚於傲慢和自滿的牢籠，不願進一步思考。認為已經找到正確答案的這個想法，成為阻礙創造力最大的絆腳石。

同樣地，我們會排斥明顯的錯誤。我們能從錯誤領悟到什麼？我們學會「移動」這種心理操作後，就能用它代替判斷。把錯誤的想法當作正式的刺激，能讓我們獲得相當實用的想法。飛機應該機腹朝上著陸的瘋狂建議，引導出一個有趣的點子：在飛機上安裝能即時產生升力的裝置。

這樣一來，我們的可能性就能發展成實用的點子，也可以把「錯誤的想法」視為刺激，充分運用其「移動價值」。

嚴格判斷對錯的心態，將我們禁錮在過去和現有的架構及概念中。我們需要消除對錯二元化的判斷需求，徹底釋放我們的創造力。

總結：二十三道阻礙

以上是全球思維發展貧瘠的二十三道阻礙，以及關於對策的一些建議。也許各位能補充一些高見。

這些阻礙全都能歸納成「自滿」這個字眼。我們對現有的思維模式得意自滿，導致我們未能看清它對人類事務、創造力和設計的幫助不大。再多的辯論也催生不出更優秀的想法。

本書反覆使用一句話。這句話「雖然卓越——但還不夠」。我們受到卓越的阻礙和蒙蔽。我們的邏輯很強；我們對資訊很執著也是好事——但這樣還不夠。

不幸的是，我們的傳統思考體系要求我們在改變之前，必須證明它的不足之處。有時我們無法滿足這項前提。我們現有的思維模式並不差，只是嚴重不足。而且，增加新的思維方法其實並不複雜。

第十六章
我能採取的行動

思維宮殿

我計劃在某個地方用某種方式蓋一座雄偉的思維宮殿。或許我有辦法自行募集資源，也或許我得靠某個國家或個人才能實現。

我會找一座具代表性又引人矚目的建築，讓「思維」享有應得的重要性和高貴地位。在某棟商辦大樓的第十五層設一間後勤辦公室是沒有用的。

這份志向象徵著這本書的精神和宗旨。大家把思維視為理所當然，對自己的思維模式太過自滿。其實這些模式功效有限。我另外設計了幾套思維模式（例如，水平思考、六頂思考帽和七點思維法），但還有許多改善空間。

思維宮殿象徵人類思維的重要性，也強調了本書提出的觀點：現有機構對發展人類思維並不感興趣，因為他們對現狀太過滿意。我們需要能負責提升思維能力的機構。

這座宮殿將成為會議地點，不時會發出公告。甚至可能會發布「世界思維」的週報。

正因我們缺乏「思維」的學院或類別，所以才需要這種宮殿來說明思考是我們不該視為理所當然的技能。

思維宮殿會具備以下幾種功能：

1. 產生想法

定期舉行會議，探討全球問題和議題。邀請深具創造力的思想家與會。宮殿也會有內部員工產出想法。

2. 收集想法

自各種管道收集新想法，將宮殿打造為新想法的集散地。向大眾徵集各種想法。網際網路會是相當有效的工具。

3. 發布和宣傳新想法

宮殿會定期發布新想法。緊急時會透過新聞稿將想法傳達給有興趣的媒體。這些有興趣的媒體應該申請加入新想法發布名單。

4. 教導創造力思維法

這是宮殿的次要功能，但若需求達到標準，宮殿會提供教學。

5. 象徵新想法的重要性

這或許是宮殿最重要的角色。宮殿能說明僅依賴資訊分析是不夠的。

青年

曾有人這樣形容時下的青年：

沉迷於聲音的蠢蛋

沉迷於運動的蠢蛋

沉迷於名人代言狂熱（Sellebrity-sodden）的蠢蛋（利用名人來進行銷售）

儘管我不認同這些觀點，但我卻能理解說這些話的用意。年輕人容易因為上面的事物而分心。

然而，年輕人也渴望出人頭地。年輕人（和成年人）最重視的兩件事，就是成就感和重要性。社會並未提供年輕人實現這些可能性的方法。這就是部分年輕人選擇犯罪的原因：它能立即帶來成就感，甚至讓人感覺自己很重要（在幫派裡）。

想解決這些問題並不簡單。童子軍曾是相當有意義的行動，但它的吸引力已然褪色。這只是思維宮殿會探討的一個層面。我們應該鼓勵年輕人運用他們的大腦，別只會使用眼睛和耳朵。

總結：我能採取的行動

法國著名哲學家笛卡兒有一句名言：「*Cogito, ergo sum.*」意思是「我思，故我在。」

我要想出另一句格言：「*Ago, ergo erigo.*」意思是「我行動，故我創造。」

這句話想強調的是行動，別只是沉思。

第十七章

你能採取的行動

我年紀漸長，精力和資源越來越有限。我不排斥孤軍奮戰，努力提升全球思考——但若更多人願意響應，我們就能達成更多目標。我最感激的是在全球各地的企業和學校教導我的思維方法的講師。

但本書的讀者，你們能採取什麼行動呢？

個人

你可以向朋友推薦這本書，可以介紹書中的內容，也可以把書借給他們看，或買一本送他們。

針對願意協助發展思維技巧的人士，我正在成立「思想家協會」（Society of Thinkers），協助發展思維技巧，詳情可參考這個網站：www.debono.com。

就個人而言，你可以寫信給政治人物和教育部長，問他們有沒有在學校教導思維的計劃。

我的一些專案，像是「思維宮殿」，可能需要大量資源。所以，如果你握有贊助資源，你或許可以出一份力。你也可以讓你的國家了解這個專案，看看他們是否願意承辦宮殿計畫。

父母

你可能希望孩子在學校能接受思維教育。很多孩子雖然學業成績不好，卻是傑出的思想家。如果他們有機會向自己和他人證明這一點，自尊心便會提高，整體表現也會改善。

研究顯示，把思維當作獨立科目來教導，可以將其他科目的表現提高三成至一倍。你不希望孩子能擁有這種優勢嗎？

家長應該堅持讓當地的學校教導思維，同時寫信給教育部長，詢問他們在這方面的措施，千萬別接受他們籠統的回答。

如果這些做法都失敗了，你還可以在家自己教孩子和他們的朋友。如果需求量夠大，我會準備一套家庭思維學習組。

教育工作者

老師、校長和想瞭解思維教學的教育人士，可以聯絡像是亞特基組織的丹妮絲．因伍德這種專家，她在這方面累積了豐富的經驗。此外，還可以聯絡墨爾本的狄波諾研究所和愛爾蘭的艾德華．狄波諾基金會（Edward de Bono Foundation）（以及英國和馬爾他的相關機構）。

高階主管

商界已有正規的思維訓練課程，由通過認證的講師教導我的商業思維法。運用過這套課程的組織包括ＩＢＭ、西門子、殼牌、保誠集團和花旗集團等。

全球有一千三百名認證講師。你可以聘請這些講師，或者安排企業內部講師接受思維訓練。

你也可以自己接受培訓。

這套指導計畫由在美國的凱西・邁爾斯（Kathy Myers）領導，詳情請參見地址欄位。

正式課程

以下介紹正式課程：

教育課程

CoRT課程：這套課程專為學校開發，共有六十堂課。課程分為六大部分。你可以依照自己的喜好決定課程數量。課程設計以感知性思維為思考框架（如PMI、OPV、C&S等）。CoRT4還囊括了水平思考工具。

學校專用的六頂思考帽：這是用以代替辯論的探索式六頂思考帽架構。

商業課程

這些課程不限於商業應用，也適用於其他需要思維的領域，例如公部門或社區討論。

水平思考：提升創造力的水平思考具體工具。

六頂思考帽：專門教授商業會議技巧的正式課程。

DATT：直接關注思維工具（Direct Attention Thinking Tools）是感知思考工具，相當於學校專用的 CoRT 課程。

簡化：這是簡化現有操作流程的方法和思考框架，適用於公部門管理及類似組織。

六大價值牌：這套課程探討不同類型的價值，包括金牌（人類價值觀）、銀牌（組織價值觀）、鋼牌（品質價值觀）、玻璃牌（創新價值觀）、木牌（生態價值觀）和銅牌（感知價值觀）。此外，還包括掃描價值觀的方法。

第十八章
社會能採取的行動

對社會而言，最重要及最基本的一點，是要區分「創意創造力」和「藝術創造力」。如果無法明確區別兩者，社會根本沒有進步的希望。政府和教育機構宣稱已為「創造力」盡心盡力。對於「藝術創造力」而言，這句話也許沒錯，但對創意創造力絕非如此。

在藝術創造力上的努力不等同為創造力盡心盡力。目前的情況就是如此。

我們可以探討社會四大層面，來看看創意對每個領域的貢獻：

- 教育
- 政府
- 商業
- 家庭

創造力和教育

我們在這個層面會遇到很現實的問題：語言無法區分創意創造力和藝術創造力。學校聲稱他們的確很努力推廣創造力，但它們說的是一些音樂、舞蹈、唱歌、繪畫和戲劇表演。在創意創造力方面卻毫無作為。

學前教育

在學齡前和初入小學階段，創造力的理想媒介就是繪畫。孩子可以用圖畫表達絕對無法以語言形容的概念。我見過非常年幼的孩子畫出相當複雜的負面回饋系統。圖畫可以呈現正在發生的事，你可以指著畫中的一點，問孩子：「這是怎麼發生的？」並指向繪圖的一部分。

如前所述，我曾經在教育雜誌上，針對五歲以上的孩子設計一系列的設計任務。其結果收錄在：《狗狗健身器》和《讓孩子解決問題》兩本書中。第一本書的內容全是讓狗狗健身的機器。第二本書的設計任務較為多元，比如如何加快蓋房子的速度等。

孩子的設計充滿著各種概念。有時這些概念的執行方式相當簡單又原始。

如果想讓幼兒變得更具創造力、建設性和設計導向，畫圖的效果很好。請注意：這些圖畫不是一般屋旁種滿蜀葵或鮮花等小屋的「藝術」畫，而是能展示某些流程或動作的功能圖。

我們也可以鼓勵孩子使用「六頂思考帽」架構，四歲以上的人就能掌握這種工具。

小學

把我的思維法作為獨立學科教導會很有成效。亞特基組織證明每個學科都能進步三成至一倍之間。一定要將「思維」當作獨立科目教授，而且課程名稱必須是「思維學」。學科成績不好的孩子常發現自己非常善於思考。這樣能大幅強化他們的自信，連老師都會感到訝異。

思維教學的主要內容是CoRT（認知研究信託方案）課程。這門課程主要與感知性思維和感知變化相關，還包括一些創造力。感知是思維的關鍵要素，但常遭到一般課程忽略。

我在前文提過，委內瑞拉規定所有學校都要開思維課。在澳洲、加拿大、新加坡和馬來西亞也很普及。越來越多的印度和中國學校也教授這門課程。美國和英國的使用度則較不平均，視校長的能量而定。義大利維羅納大學（University of Verona）的蜜雪兒．德．貝內（Michele de Bene）在這方面的研究相當出色。她證明了思維教學的效果相當顯著。

小學思維教學專案也可以包含建設性、創造力和設計性思維。老師用報紙、剪刀和一些膠水就能設計出完整的專案。我曾為孩子設計用一張報紙就能蓋一座高塔的專案。高塔越高越好，但需要穩固，並能獨立支撐。孩子們還用了好幾種設計概念。

中學

教育常見的用語是知識和分析——也就是「路線圖法」。

教育的這的層面當然重要又實用，但是創造力、建設性和設計面也是，卻完全遭到忽視。把部分知識型學科（如歷史）的教學時間轉移到思維技能教學，應該不是一件難事。

前面提過的小學畫圖專案，在中學也可以使用。

中學教育也可大量教導CoRT思維課程。這些課程是改善感知的工具和思考框架。缺乏感知的邏輯不僅毫無用處——還很危險。

有嗜好雖然很好，但只有一部分的嗜好能提升創造性和設計性思維。

年輕人很重視成就感。許多人誤入犯罪的歧途，是因為那裡是唯一能短暫體驗成就感的地方。因此，年輕人確實需要在其他方面發展建設性的成就。

大學

兩年前，我在曼谷舉行的世界大學校長高峰會發表演講。約有兩千名大學校長與會。

我指出大學已是過時產物。大學成立的初衷是傳承過去的智慧和知識給現今的學生，但在數位時代，不用上大學也能取得所需的所有知識。

所以大學應該教授下列技能：

- 資訊技能以及如何取得資訊並進行評估
- 思維技能，包括創造力、設計、建設性和感知性思維（不只是分析和邏輯）
- 社交技能。與人相處與管理人員的能力

• 行動技能。設計及執行專案的能力

還有其他技能可以補充到這份清單上。

大學也可以更融入社會，例如藉由組織論壇討論具體議題。它們還能針對不同社會問題打造創造力方案。

大學不能再當「提供知識的封閉小屋」了。

創造力與政府

我在前文提過，大眾將民主視為最佳的政治體制，但這並不代表它很傑出。議會制度的對立特性無法鼓勵創新思維和新點子，這是當選人才流失大半的原因。

我和模里西斯的首相討論過。他是我的讀者。我建議議會每週一都採用「六頂思考帽」的方法。議長宣布「黃帽時間」時，只有想表達意見的議員才能發言。我懷疑受限於黨紀，多數人對對方的觀點都不會有正面評價。

他們可以成立由兩大黨議員組成的特別委員會，其唯一宗旨是提出積極和創新的觀點，絕不能發表攻擊性言論。這個國家新思維委員會（National Council for New

Ideas）針對可能的新點子會有正式的挑戰。

政府應設立新思維部長，負責各領域的創新思維。設立創新部長的方向是對的，但效果稍嫌薄弱。坐等新點子和實踐新點子兩者是有差別的。

資訊與點子

人們總是認為僅有資訊就足夠了。政府有智囊團負責收集和分析資料，假設這會產生新點子。然而，僅僅分析資料是不夠的，因為資訊可以透過舊有的點子來理解。確實需要有正式和深思熟慮的努力來創造新點子。新點子不會隨時間自然產生，它們需要被創造出來。

創造力與聯合國

多年前，我試著在聯合國內部建立創造力思維小組。我辦了各式各樣的會議，科菲・安南（Koffi Annan）當上祕書長之前也參加過其中一場。

眾人都明白，我們確實需要新理念來因應衝突局面和其他的情勢。然而，大家也有基本共識，覺得各國代表赴聯合國是為了呈現本國觀點，而非創造新理念。新點子可能會和某一國政策互相抵觸。某國代表甚至可能會提出與該國立場相左的新點子。

簡單來說，聯合國並非為了自主思考而存在，而是為了代表會員國的點子。

新概念源自哪裡？

新點子是數學的要件，只仰賴資訊是不夠的。

運用判斷無法解決衝突，我們迫切需要「設計前進之道」。如何解決貧窮、糧食價格和愛滋病等問題，可能需要多加思考。這不代表現有的思維不足，而是指新點子可以帶給我們必須加以深思的全新可能，但該如何催生這些點子？

聯合國的設計宗旨，並非為了提出這種新點子。如果某個國家提出一項新點子，它會被視為該國家政策的擴張。就算這個點子確實相當出色，也一樣會受到質疑和反感。美國也許會提出許多好點子，但這些點子很容易被視為美國意圖擴張的帝國主義。

因此，我們需要一間中立的獨立機構，以便催生、收集和推廣新點子和新可能性。這樣一來，只要公布新點子和可能性，就能馬上進行討論。也許這些新點子和可能性可能會受到忽略，可能會被採用，也可能會影響現有的點子。不管是哪種情況，擁有新點子總比什麼都沒有來得好。

創造力與商業

我們該如何提升商業組織的創造力？

認真看待創造力

創造力最重要一點，就是要認真看待它。

既然知道進步通常源自創造力，我們為什麼沒有認真看待創造力？

第一個原因，是我們完全不懂創造力。創造力一直是謎一般的存在。我們看得到成效，但不知道發生的過程。各位讀完這本書後，就會了解創造力的運作模式。

第二個原因，是我們不知該如何做。我們假設點子只能靠靈光一閃，因此我們無能為力。我們也可以借用、複製或竊取他人的點子。多數人不明白，我們可以用正式和極富創造性的方式運用創造力。其實，我們是可以靜下心來，好好創造新想法的。

企業極度看重財務，極度看重法務，極度看重研究，卻完全忽視創造力。

正如下文所提到的，所有組織都該有一名創造力長（Chief Creativity Officer，CCO）這個正式職位。擔任這個職位的人必須是高階人士，但又不能高階到沒有時間履行這項職責。

CCO個人不必具有創造力，但他必須欣賞創造力。個人具有創造力的CCO，有可能會貶低他人的點子。CCO必須是「交際高手」，善於溝通又充滿活力。下文要介紹CCO的其他職責，例如成立創造力中心。

然而，成立創造力中心不是尋找並召集一群有創造力的人。創造力應該是每個人都能學會的技能。因為教育系統並未提供正規訓練，因此我們需要提供正規培訓。一個下午就產生超過兩萬個點子，靠的是熟練運用水平思考技巧，而非天賦。

創造力會大幅提升所有組織的現有資源和潛能，不是只有商業機構而已。坐等靈光乍現是不夠的，你必須認真看待創造力，並積極採取行動。

所有政府都應該設立新思維部長，或至少有一名創新部長。「創新」一詞表示組織將新點子付諸實踐。創造力的意思則是產生原創想法。雖然創新也有價值，但還是比創造力來得低。

勉勵

「勉勵」這個方法很普遍，但效果有限。勉勵大家發揮創造力只是對創造力「口頭敷衍了事」，因為大家不知道除了打高空之外還能做什麼。

期望

期望是創造力的必要元素，而且影響力更大。執行長和其他高階主管需要非常明確地表達，員工應該提出新點子。高階主管和其他員工很擅於察覺自己應該參與怎樣的遊戲。最常見的遊戲是「持續努力並解決」。這表示繼續做應做之事，並在問題出現時加以解決。我們通常不把新點子視為遊戲的內容，甚至可能認為它是麻煩和困擾。因此，領導者需要明確指出新點子是工作規範的一部分。

時間與會議

這是指直接鎖定創造力而召開的專門會議。會議主題應提前公告。召開會議期間會使用水平思考工具。這種會議要經常舉行，但不宜過於頻繁，會議時間也不應過長。如果會議太長，大家會找藉口不參加。九十分鐘就夠了。會議期間為個人創造性思考預留時間。有一間銀行的高階主管每天上午九點到九點半之間，預留時間進行個人創造力思維。在這段時間內，不召開任何會議，祕書也不接電話。我們白天大多在思考如何解決急事，無法思考能受益於新點子的重要事務。因此，特別安排這種思考時間會非常值得。對這類程序保持一致和嚴謹的態度非常重要，否則就會失去效用。

創造力長（CCO）

我們不能使用「創意長」（Chief Ideas Officer）這個職稱，因為CIC這個縮寫被資訊長搶走了。企業應該比照資訊、法務、財務一樣，認真看待創造力。CCO職位必須夠高階，能夠接觸到公司最高層，但也不能高階到沒時間履行職責。CCO必須善於溝通、組織籌畫及激勵人心。CCO不必特別具有創造力。事實上，這個人沒什麼創造力反而可能更好，這樣才能更中立地對待別人的點子。CCO負責組織培訓，建立創造力目標清單（創造力目標清單，詳見第二章），及可能建立一間創造力中心。

創造力中心

如果沒人願意傾聽，誰都沒動力提出新點子。周遭的同事及直屬上司，通常不會樂見新點子顛覆現狀，怕自己可能需要做更多事。創造力中心是新點子的論壇和傾聽的場所。這個中心還可以作為將ＣＣＯ活動組織起來的地點。

大衛・唐納多年前參加我在多倫多舉辦的研討會。他邀我去杜邦公司，為高階主管舉辦幾場研討會。其實，他當上創造力長，還成立創造力中心，也建立了提供創造力人才交流的網路。他在這個領域還完成了其他許多很實用的創新專案。由於他在大型組織具有組織創造力活動的豐富經驗，目前他擔任顧問一職，並寫了幾本關於自己經歷的著作。

宣傳

雖然多數有創造力的人士不願承認，但他們都喜歡別人能了解他們的新點子。就算這個點子無法實現，他們也希望能公開這個點子。這是人之常情。因此，組織應該制定宣傳點子的方式，或許可以發佈專屬的「創造力電子報」，不然也可以把它納入一般內部電子報。這樣最能激勵創造力人才。

網路

我在前文提過，透過網路讓有創造力的人互相交流會很值得（就像大衛．唐納在杜邦的做法）。他們可以交流想法、安排會議、確定任務、互相協助等。由滿腹熱情的人組成的網路有個風險，就是其他人可能會覺得遭到排斥，及認為他們沒有創造力，那只屬於特定族群的職責。因此，網路的參加標準不該過於嚴苛。

部門

如果創造力這麼重要，那由熱愛創造力的人組成專屬部門，似乎也很合理，他們會負責所有的創造力思維。這就相當於一般的研究部門。這種做法的風險和網路一樣，別人會覺得被排斥，並認為創造力只是該部門的職責。由於任何地方、任何人都不能缺少創造力，因此這個風險不容忽視。商業組織最好由功能強大的創造力中心，來取代這樣的特定部門。這間創造力中心具備部門的組織功能，但又對外開放，不限一小群人參與。

慶祝

有新點子就應該慶祝。慶祝活動不僅包括前面提到的宣傳，還要以特殊的方式表達讚賞，例如為新點子頒發創造力獎牌或其他獎勵。這種慶祝活動不僅會激勵想出新點子的人，也能傳達企業期待並欣賞新點子。這種做法，迥異於目前必須說服他人傾聽新點子的普遍現象。

訓練

許多企業都對員工進行正式的水平思考訓練（如杜邦、IBM、保誠、西門子等）。許多企業現在都有內部講師進行組織內部訓練。

激勵

根據我的經驗，企業會對創造力燃起興趣，點火的通常是執行長。他們深知企業需要創造力，這就為組織建立了有利的氛圍和動力。期望是很重要的一點。如果員工知道必須想出點子，他們就會努力想出點子。如果他們認為自己的工作是「維持現狀和解決問題」，就會覺得想新點子太費事。

某家銀行告訴我，以往員工每個月都會提出一些建議。接受水平思考訓練後，他們現在每個月收到超過六百項建議。

激勵和技能兩者相輔相成。創造力的成功能激勵員工，進而增強技能。

創造力與家庭

孩子常會把在學校學到的思維觀念帶回家。這些觀念可能是六頂思考帽法，也可能是CoRT感知工具。孩子會把這些工具介紹給爸媽——之後爸媽也會使用了。

我在《學前教育》提到的點子，在家裡使用效果也很好。例如家長可以設定繪畫任務，然後一起討論結果。

爸媽可以為孩子設定思維遊戲之後，和孩子一起玩。例如，爸媽可以說：「假設所有車子都要塗成黃色，請用PMI分析這個想法。」PMI是一種CoRT的工具，意思是「正面因素、負面因素及有趣點」（Plus, Minus and Interesting）。

爸媽可以每週空出一晚作為「思維之夜」（thinking evening），並邀請朋友和鄰居的孩子一起參加。孩子會很喜歡思考，因為每個點子都是一種成就。

在討論或甚至爭執中，可以使用六頂思考帽架構全面探討這種情況。

針對年齡較大的孩子，可以設定具體的創造力任務，再使用水平思考工具催生新點子。

我之後會將「家庭思維課程」（Family Thinking Sessions）寫得更完整。如果學校不打算教思維，家長可以在家裡教。如果學校有教思維，你一樣能在家裡教，因為思維是一種生活技能。

第十九章
價值

思考是為了讓我們享受價值並傳遞出去。

缺乏價值觀的思維一點意義也沒有，也不會有成效。

未經思考的價值觀則是迫害和各種惡行的根源。如果有人有不同的價值觀，那麼那個人一定是錯的。

儘管價值觀是思維的核心，我們卻鮮少正視價值觀。我們假設每個人都知道自己重視的價值觀。

真理

在思維的領域，我們總認為真理比價值重要。這種觀點再次證明中世紀教會帶來的影響。真理就是一切。當你步上「真理之路」，相對的價值觀就會自然產生。

正如同真理需要探索，價值也需要設計。設計的目的是傳遞我們想要的價值觀。真理是很重要——但價值觀也是。只有真理是不夠的。

就像科學發現必須轉化為實際應用（在醫學或商界中），真理也需要轉化為價值。

模糊不清

我們對價值觀的態度很模糊。我們自以為知道自己想要什麼、重視什麼，也知道自己不想要什麼。

如果一群鳥在頭頂飛過，有個人抬頭看說：「今天鳥很多。」另一個人抬頭看說：「看到那邊的鶇了嗎？那裏還有一隻茶隼，另一隻可能是喜鵲。」

第一個人只看到鳥，但第二個人學會了分辨不同的鳥。同樣地，我們也可以學會以非常具體的方式分辨不同的價值觀。

一旦學會分辨價值觀，就可以明確地找出來。所以，我們需要一套思考框架區分不同的價值觀。

六大價值牌

我在《六大價值牌》一書提供了區分不同價值觀的思考框架。我本書前文也提過，但這個觀念太重要，我一定要再提一次。

《六大價值牌》中也提到掃描價值的方法。價值掃描能以視覺呈現價值觀。不同人的價值掃描還可以互相比較。雖然差異可能不明顯，但還是能進行討論。這種做法比模糊地爭論價值觀精確多了。

金牌：這些是人類價值觀，特別適用於人類。它可能包括像讚美、成就、驕傲和名氣這種價值觀。也可能包括類似羞恥和被忽略這種負面價值觀。每塊價值徽章都包括正面和負面的價值觀。

銀牌：這些是組織價值觀。以商業組織而言，這種價值徽章可能指的是利潤、市場占有率或品牌形象等問題。以政治組織而言，可能是公眾觀感或選票。以家庭組織來說，這些價值可能是合作、平靜或誠實。

鋼牌：這些是品質價值觀。鋼具有某些特質，如堅硬和持久。所有類型的品質價值觀都屬於鋼牌。物品或流程的內在本質決定目的。品質則決定了實現目的到什麼程度。結果是否符合期望？是否有達到應有的目的？

玻璃牌：玻璃是簡單但用途廣泛的材料。透過創造力，玻璃可以做出各式各樣的物品。所以玻璃牌指的是創新和創造力。這道牌重視新點子和新建議。甚至可能是目前除了新穎以外，毫無價值的點子。玻璃牌能協助我們重視及欣賞我們對創造力的努力。

木牌：這面獎牌與生態和環境有關，但不限於自然界。若一家工廠是某個小鎮的主要雇主，它的政策變化可能大幅影響那座小鎮。這就是生態。

銅牌：這是「感知價值觀」。這些價值觀極其重要，但常遭到忽視。大家對這個決定的感知如何？你可能做了相當有價值的事，但大家的感知非常差。你也可能做了不太好的事，產生的感知卻很正面。銅牌看似黃金，實則天差地遠。同樣地，感知到的價值觀可能與實際價值觀無關。我們要仔細斟酌感知到的價值觀，不能假設自己做了很有價值的事，大家就會有正面的感知。

搜尋、分辨和評估

一旦有辦法區分各種價值觀，就能在某種情境中尋找各種價值觀。如果提議做些變革，那針對每面價值徽章，會產生什麼效果？我們可以藉由每面價值徽章的思考框架來看變革的後果。可能會出現什麼正面價值觀？可能有什麼負面價值觀？

了解各種價值徽章後，在評估情境時，就能分辨出不同價值觀，並進行評估（書中提供了如何強化價值觀的方法）。這就像在飛過頭頂的鳥群中，學會分辨不同鳥類的人。

一旦能清楚分辨各種價值觀，就能評估其影響力和重要性。如果價值觀都混在一起，我們就做不到了。因為我們只能得到模糊的概念，就像只看得到一群鳥。

為什麼是「六」這個數字？

為什麼是六面價值徽章、六頂思考帽和六雙行動鞋？

心理學指出，大腦一次最多只能感知七件事。超過這個數量，大腦會開始加以細分。所以從感知的角度來看，七是最高的有效分類數。

但我更喜歡「六」這個數字。剩下一類沒有使用，表示我們亟需再找一個類別，然而我的理論還沒發展到那一步。

第二十章

思維的權利

就我所知（我願意接受指正），《世界人權宣言》（*Universal Declaration of Human Rights*）並未明文規定「思維的權利」。

這個現象有幾個可能的解釋。這份宣言並未明訂行走、說話、進食或呼吸的權利。因此，大家假設思考是與生俱來的功能，不必明確規定具體的權利。這是非常嚴重的錯誤。在原始和動物的層面上，的確存在某種自然的思維，但那種思維相當簡單又粗糙，主要包括分辨情境並照慣例行事。

另一個可能的解釋，是大家假設接受「教育」後就能自然產生思維。這是另一項嚴重的錯誤。教育所教授的思維，最多只是關於判斷、分析和辯論。這只占思維的一小部分。確實，有些學校、甚至國家，現在已經明確地教授思考，但畢竟只是少數。

指導教學

你可能有打網球或彈鋼琴的權利，但除非有人指導，否則有沒有這項權利都沒差別。大家都知道孩子需要老師指導閱讀和寫作。光說：「你有閱讀和寫作的權利——快去行使權利吧！」絕對沒有用。

當然有人會辯稱，如果提到「思考的指導教學」，極權政權就會教導孩子依照該政權的規則去思考。我們不該助長這種現象。然而我們必須知道，所有宗教成立之初就一直這麼做。

以中立的態度教導思考，和教數學一樣簡單。全球各個不同政體的國家，都樂於在學校教授我的思維法。不管基督教國家、伊斯蘭國家、佛教國家及舊時代的共產主義國家，皆是如此。思考是一種技能，就像數學一樣，與政治無涉。

鼓勵思考

愛爾蘭共和國的吉姆奧沙利文（Jim O'Sullivan）決定在他的電子公司向員工教導

我的思維法。他們因此省下大量支出，讓他願意調漲工資。有一次，工廠工人設計出一款電腦鍵盤，公司立即投資五百萬美元——結果產品大賣。

我在其他地方還講過泰迪．卡拉戈詹（Teddy Karagogian）的故事。他是阿根廷人，經營一家紡織公司。他對員工「鼓勵思考」，還指導他們該怎麼做。當時，該公司規模是最接近的對手的一半。幾年後的今天，這間公司的規模是那間對手的十倍。

如果企業鼓勵員工思考——並提供簡單的思維指導，員工就能發揮巨大的人力資源潛力。

荒謬

認為「思考是與生俱來的技能，不需要指導」是荒謬和過時的態度。

認為「正規教育涵蓋的思維教學已經足夠」也是荒謬和過時的態度。

我們亟需在學校教育（包括中小學和大學）獨立開一門思維課，明確且密集地進行教學。這種做法就表示全方位教授思維，不是只教邏輯和辯論。判斷是思維的重要元素，就像汽車後左輪是汽車的重要零件——但這是不夠的：雖然卓越——但還不狗！

我們到底是如何進步至今，卻沒有這種體認呢？

結語

我想再次重申，我對現有的思維系統沒有異議。這套系統很優秀，成效也很卓越。

「雖然卓越——但還不夠」是貫穿本書的主題。

我們需要採取其他思維模式，以補充現有思維法的不足。

我們需要正式的創造力思維法：也就是水平思考法。

在辯論無效率又不恰當時，我們需要一套探索主題的方法：也就是六頂思考帽法。

我們需要更關注感知思考：也就是CoRT課程和DATT課程。

我們需要更正視價值觀：也就是六大價值牌計畫。

我還有一本關於六雙行動鞋的書，書中極力釐清不同類型的行動。我在本書並未提及這套方法。

還有一種新方法——七點思維法。
這些輔助工具的設計目的，都是補充現有思維模式未能充分涵蓋的領域和用途。
在電腦領域，軟體是為了特定目的而設計——這些輔助方法也一樣。
無論你如何運用邏輯尋找真相，都無法催生出新點子。
我們現有的思維還不夠好。雖然我們注重環境和有問題的領域沒有錯，但我們對思維太過自滿——這正好是所有領域最重要的關鍵。

愛德華・狄波諾基金會

愛德華・狄波諾基金會關心教育和管理領域的建設性思維教學。欲了解詳情，請聯絡：

愛德華・狄波諾基金會
PO Box 2397
Dunshaughlin Business Park
Dunshaughlin
Co Meath
Ireland
電話：+353 1 8250466
傳真：+353 1 8250467
電郵地址：debono@iol.ie
網址：www.edwarddebonofoundation.com

國家圖書館出版品預行編目資料

思考吧！啓發創造性思維的大師課：創意思考之父狄波諾，教你用水平思考法找到新點子 / 愛德華．狄波諾(Edward de Bono)著；易敬能 譯. -- 初版. -- 臺北市：商周出版, 城邦文化事業股份有限公司出版：英屬蓋曼群島商家庭傳媒股份有限公司城邦分公司發行, 2024.06
面； 公分
譯自：Think! : before it's too late
ISBN 978-626-390-160-5（平裝）
1. CST: 思考 2. CST: 創造性思考 3. CST: 思維方法
176.4 113006949

思考吧！啟發創造性思維的大師課

創意思考之父狄波諾，教你用水平思考法找到新點子

原著書名 / Think！Before It's Too Late
作者 / 愛德華．狄波諾（Edward de Bono）
譯者 / 易敬能
企劃選書 / 陳玳妮
責任編輯 / 林瑾俐

版權 / 吳亭儀
行銷業務 / 周丹蘋、林詩富
總編輯 / 楊如玉
總經理 / 彭之琬
事業群總經理 / 黃淑貞
發行人 / 何飛鵬
法律顧問 / 元禾法律事務所 王子文律師
出版 / 商周出版
城邦文化事業股份有限公司
台北市南港區昆陽街16號4樓
電話：(02) 2500-7008 傳眞：(02) 2500-7579
E-mail：bwp.service@cite.com.tw
發行 / 英屬蓋曼群島商家庭傳媒股份有限公司城邦分公司
台北市南港區昆陽街16號8樓
書虫客服服務專線：(02) 2500-7718．(02) 2500-7719
24小時傳眞服務：(02) 2500-1990．(02) 2500-1991
服務時間：週一至週五09:30-12:00．13:30-17:00
劃撥帳號：19863813 戶名：書虫股份有限公司
讀者服務信箱E-mail：service@readingclub.com.tw
城邦讀書花園 網址：www.cite.com.tw
香港發行所 / 城邦（香港）出版集團有限公司
香港九龍土瓜灣土瓜灣道86號順聯工業大廈6樓A室
電話：(852) 2508-6231 傳眞：(852) 2578-9337
E-mail：hkcite@biznetvigator.com
馬新發行所 / 城邦（馬新）出版集團 Cité (M) Sdn. Bhd.
41, Jalan Radin Anum, Bandar Baru Sri Petaling,
57000 Kuala Lumpur, Malaysia
電話：(603) 9057-8822 傳眞：(603) 9057-6622

封面設計 / 李東記
內文排版 / 新鑫電腦排版工作室
印刷 / 卡樂彩色製版印刷有限公司
經銷商 / 聯合發行股份有限公司
電話：(02) 2917-8022 傳眞：(02) 2911-0053
地址：新北市231新店區寶橋路235巷6弄6號2樓

■2024年6月初版
定價 420 元

Printed in Taiwan
城邦讀書花園
www.cite.com.tw

ISBN 978-626-390-160-5

商周出版

廣　告　回	
北區郵政管理登記	
台北廣字第000791	
郵資已付，免貼郵	

115台北市南港區昆陽街16號8樓
英屬蓋曼群島商家庭傳媒股份有限公司　城邦分公

請沿虛線對摺，謝謝！

商周出版

書號：BK5221　**書名：**思考吧！啟發創造性思維的大師課　**編碼：**

請於此處用膠水黏貼

商周出版

讀者回函卡

線上版讀者回函卡

感謝您購買我們出版的書籍！請費心填寫此回函卡，我們將不定期寄上城邦集團最新的出版訊息。

姓名：________________ 性別：☐男 ☐女

生日：西元________年________月________日

地址：________________

聯絡電話：________________ 傳真：________________

E-mail ：

學歷：☐ 1. 小學 ☐ 2. 國中 ☐ 3. 高中 ☐ 4. 大學 ☐ 5. 研究所以上

職業：☐ 1. 學生 ☐ 2. 軍公教 ☐ 3. 服務 ☐ 4. 金融 ☐ 5. 製造 ☐ 6. 資訊

☐ 7. 傳播 ☐ 8. 自由業 ☐ 9. 農漁牧 ☐ 10. 家管 ☐ 11. 退休

☐ 12. 其他________________

您從何種方式得知本書消息？

☐ 1. 書店 ☐ 2. 網路 ☐ 3. 報紙 ☐ 4. 雜誌 ☐ 5. 廣播 ☐ 6. 電視

☐ 7. 親友推薦 ☐ 8. 其他________________

您通常以何種方式購書？

☐ 1. 書店 ☐ 2. 網路 ☐ 3. 傳真訂購 ☐ 4. 郵局劃撥 ☐ 5. 其他______

您喜歡閱讀那些類別的書籍？

☐ 1. 財經商業 ☐ 2. 自然科學 ☐ 3. 歷史 ☐ 4. 法律 ☐ 5. 文學

☐ 6. 休閒旅遊 ☐ 7. 小說 ☐ 8. 人物傳記 ☐ 9. 生活、勵志 ☐ 10. 其他

對我們的建議：________________

____

____

請於此處用膠水黏貼